SCHRIFTENREIHE DES IFO-INSTITUTS FÜR WIRTSCHAFTSFORSCHUNG

Nr. 129

IFO-INSTITUT FÜR WIRTSCHAFTSFORSCHUNG

Evaluierung wohnungspolitischer Instrumente

Aktuelle Probleme des Wohnungsmarktes und Ansatzpunkte für wohnungspolitische Initiativen

Von

Karin Behring und Georg Goldrian

unter Mitarbeit von Harald Blau

DUNCKER & HUMBLOT / BERLIN · MÜNCHEN

Die Deutsche Bibliothek – CIP-Einheitsaufnahme

Behring, Karin:
Evaluierung wohnungspolitischer Instrumente: aktuelle Probleme des Wohnungsmarktes und Ansatzpunkte für wohnungspolitische Initiativen / von Karin Behring und Georg Goldrian. Unter Mitarb. von Harald Blau. – Berlin; München: Duncker und Humblot, 1991
(Schriftenreihe des Ifo-Instituts für Wirtschaftsforschung; Nr. 129)
ISBN 3-428-07154-9
NE: Goldrian, Georg:; Ifo-Institut für Wirtschaftsforschung ⟨München⟩: Schriftenreihe des Ifo-Instituts . . .

Fotoprint: Werner Hildebrand, Berlin 65
Printed in Germany

ISSN 0445-0736
ISBN 3-428-07154-9

Vorwort

Im Mai 1989 wurde das Ifo-Institut vom Bundesverband deutscher Banken beauftragt, ein Gutachten mit dem Titel „Aktuelle Probleme des Wohnungsmarktes und Ansatzpunkte für wohnungspolitische Initiativen“ zu erstellen. Neben einer Analyse der aktuellen Situation der Wohnungsmärkte sollte das Schwergewicht der Untersuchung auf einer Evaluierung wohnungspolitischer Instrumente liegen, und zwar nicht nur solcher Maßnahmen, die derzeit Gültigkeit haben, sondern auch solcher, die diskutiert werden oder als Alternativen in Betracht kommen. Aus der Überprüfung der Effizienz, d. h. dem Kosten-Wirkungs-Verhältnis der einzelnen Maßnahmen, wurden Anhaltspunkte für wohnungspolitische Empfehlungen gewonnen.

Eine weitere Fragestellung des Gutachtens zielte darauf ab, über die Wirkungen wohnungspolitischer Aufwendungen auf den volkswirtschaftlichen Kreislauf die Höhe der finanziellen Rückflüsse an den Staat in Form zusätzlicher Steuereinnahmen zu berechnen und daraus die Budgetinzidenz beispielhafter wohnungspolitischer Instrumente zu bestimmen.

Der Auftrag für das Gutachten wurde zu einem Zeitpunkt inhaltlich fixiert, zu dem weder die explosionsartig anwachsenden Über- und Aussiedlerströme in die Bundesrepublik Deutschland noch gar die Wiedervereinigung absehbar waren. Deshalb beziehen sich sowohl Wohnungsmarktanalyse als auch Effizienprüfungen auf die westdeutschen Bundesländer.

Die aktuelle wohnungspolitische Diskussion, welche die im Gutachten behandelten Instrumente wieder einmal in den Blickpunkt rückt, hat uns dazu veranlaßt, die Ergebnisse der Untersuchungen zu veröffentlichen. Unseres Wissens existiert nämlich in der Bundesrepublik Deutschland bisher keine quantifizierte Evaluierung der Wohnungspolitik, welche die in der Diskussion befindlichen Argumente zu stützen bzw. zu widerlegen in der Lage wäre. Das Wohnungsnachfragemodell des Ifo-Instituts ermöglichte die Quantifizierung wohnungspolitischer Wirkungen. Die Bearbeiter dieses Forschungsprojekts haben an der Entwicklung des Wohnungsnachfragemodells mitgewirkt. Sie wurden durch Harald Blau unterstützt, der die Analyse der momentanen Wohnungsmarktsituation durchführte.

München, April 1991

Prof. Dr. Karl Heinrich Oppenländer
Präsident
des Ifo-Instituts für Wirtschaftsforschung
München

Inhaltsübersicht

A. Extrakt der Zusammenfassung

1. Die momentanen gravierenden Probleme auf den Wohnungsmärkten machen eine Neuorientierung, die Konzeptionierung der Wohnungspolitik bis zur Jahrtausendwende, notwendig.

Der staatliche Aufwand für wohnungspolitische Maßnahmen (Ausgaben bzw. Mindereinnahmen) bewegt sich Ende der achtziger Jahre um 10 Mrd. DM pro Jahr.

Es ist denkbar, daß durch Umschichtung der Mittel zwischen wohnungspolitischen Instrumenten, also ohne staatlichen Mehraufwand, ein höherer Zielerreichungsgrad realisiert werden kann. Deshalb wurde im Ifo-Institut im Auftrag des Bundesverbandes deutscher Banken die Effizienz wohnungspolitischer Maßnahmen analysiert. Aus methodischen Gründen und wegen der Datenlage mußte sich die Analyse auf solche Instrumente beschränken, die auf die Wohnungsnachfrage zielen. Die Untersuchung wurde unter Verwendung des Ifo-Wohnungsnachfragemodells durchgeführt.

2. In jüngster Zeit muß das wohnungspolitische Augenmerk auch auf die besondere Problematik in den neuen Bundesländern gerichtet sein. Die Effizienzanalyse wohnungspolitischer Instrumente klammert die dort andersartige Situation bewußt aus. Es ist davon auszugehen, daß zwar während einer Übergangsphase in den ostdeutschen Bundesländern andere Gegebenheiten und auch andere Verhaltensweisen eine von der westdeutschen verschiedene Wohnungspolitik erfordern, daß aber nach Ablauf aller Anpassungsprozesse die in Westdeutschland praktizierte Politik in Ostdeutschland gleiche Wirkungen erzeugen wird. Zu einem späteren Zeitpunkt dürften sich also die für die alten Bundesländer gewonnenen Wirksamkeitsergebnisse auf die gesamte Bundesrepublik Deutschland übertragen lassen.

3. Die Wohnungsmarktungleichgewichte des Jahres 1987 haben sich im Jahr 1988 - mangels Daten kann die quantitativ belegbare Analyse keine weiteren Jahre einschließen - verschärft. Ursächlich dafür sind

- eine infolge von verstärkter Zuwanderung und von steigenden Einkommen der Ansässigen stark vermehrte Wohnungsnachfrage und

- ein aus Nettozugang kaum erweiterter Wohnungsbestand.

In den Jahren 1989/90 dürften sich aufgrund

- einerseits nur langsam steigender Nettozugänge in den Wohnungsbestand und

- andererseits explosionsartigen Anschwellens der Zuwanderung und steigender Nachfrage der ansässigen Bevölkerung

- trotz dämpfender Einflüsse aus der Preisentwicklung

die Marktungleichgewichte erheblich verstärkt haben. Die seit 1989 vermehrt eingesetzten wohnungspolitischen Instrumente sind in dieser Situation relativ wenig effektiv.

4. Die Effizienzanalyse von neun ausgewählten wohnungspolitischen Instrumenten hat ergeben, daß zur Erhöhung der Eigentümerquote

- ein Schuldzinsenabzug von der Steuerschuld,
- der Schuldzinsenabzug vom Einkommen und
- die Erhöhung der Abschreibungssätze im Rahmen des § 10 e EStG

in der angegebenen Reihenfolge die effizientesten Maßnahmen wären.

5. Zur Minderung der Unterversorgungsquote - als Maßstab für das Erreichen einer angemessenen Wohnungsversorgung der Haushalte (ein Haushalt gilt

dann als unterversorgt, wenn die von ihm bewohnte Wohnung weniger Zimmer als der Haushalt Mitglieder aufweist) - tragen am effizientesten

- die Eigentumsförderung über Aufwendungszuschüsse im 1. Förderweg (staatlicher Zuschuß zum monatlichen Fremdkapitaldienst für selbstnutzende Eigentümer),
- der Schuldzinsenabzug von der Steuerschuld und
- der Schuldzinsenabzug vom Einkommen

wiederum in der hier angegebenen Rangfolge bei.

6. Zur Steigerung der Effizienz der gesamten Wohnungspolitik mit dem Ziel einer Erhöhung der Eigentümerquote bzw. einer Verminderung der Unterversorgung bietet es sich an, wohnungspolitische Ausgaben bzw. Einnahmeverluste von ineffizienten zu effizienteren Instrumenten umzuschichten, ohne insgesamt höhere wohnungspolitische Aufwendungen zu verursachen.

Als ineffiziente Maßnahmen identifizierten die Modell-Analysen
- den Grunderwerbsteuersatz,
- die Bausparförderung und
- das Baukindergeld.

Die Umschichtung von staatlichen Mitteln aus einer dieser Maßnahmen kann möglicherweise nicht unter ausschließlich wohnungspolitischen Kriterien erfolgen, sondern muß eventuell wohnungsmarktfremde politische Gründe mit berücksichtigen. Beispielsweise wird der Bausparförderung ein erzieherischer Effekt zugesprochen.

7. Zusätzliche staatliche Aufwendungen in der Wohnungspolitik führen über zusätzliche Bauinvestitionen und weitere wirtschaftliche Zusammenhänge zu zusätzlichen staatlichen Einnahmen, überwiegend aus Steuern. Die für den Staat ko-

stengünstigste Maßnahme unter einigen beispielhaft analysierten Instrumentvarianten der Eigentumsförderung, d.h. die Maßnahme mit der geringsten Budget-Inzidenz, ergibt sich durch eine Variation der Vorschriften des § 10 e EStG. Durch eine Erhöhung des Abschreibungssatzes auf 8 % und eine Differenzierung der maximal anrechenbaren Kosten des Eigentums nach Haushaltsgröße und Regionstyp ließe sich unter Einsatz zusätzlicher staatlicher Mittel in Höhe von netto nur 17 Mill. DM die Wohneigentümerquote im freifinanzierten Marktsegment um 0,32 % anheben (das sind rund 40.000 zusätzliche selbstnutzende Eigentümerhaushalte).

Zwar belaufen sich die zusätzlichen staatlichen Steuermindereinnahmen aus einem so konstruierten § 10 e EStG auf rund 1,6 Mrd. DM, sie induzieren jedoch - trotz Baupreissteigerung - zusätzliche Bauinvestitionen in Höhe von 4,7 Mrd. DM. Diese Bauinvestitionen führen wiederum zu staatlichen Einnahmen von rund 1,6 Mrd. DM.

8. Eine staatliche Förderung über Zulassung des Schuldzinsenabzugs von der Steuerschuld in einer Variation, die die Höhe der abzugsfähigen Schuldzinsen nach Regionstypen staffelt, ist in der Lage, die Eigentümerquote relativ stärker anzuheben. Eine derartige Maßnahme erfordert zwar hohe Einsatzkosten des Staates, verursacht jedoch auch höhere Rückflüsse an den Staat. Bei einer Budgetinzidenz von 1,2 Mrd. DM könnte ein so gestalteter Schuldzinsenabzug von der Steuerschuld die Eigentümerquote um 1,42 % anheben.

9. In Zeiten hoher Übernachfrage auf den Wohnungsmärkten werden vorwiegend angebotsrelevante wohnungspolitische Maßnahmen eingesetzt. Die reaktionelle Wohnungspolitik sollte grundsätzlich in eine eher verstetigende Vorsorgepolitik umgewandelt werden. Denn in Zeiten angespannter Wohnungsmärkte

- verlieren steuerliche Investitionsanreize wegen der steigenden Bau- und Grundstückspreise an Wirkungskraft,

- wird der soziale Mietwohnungsbau aus den gleichen Gründen unverhältnismäßig teuer,
- sind Versuche, Belegungsrechte im Wohnungsbestand anzukaufen, erschwert.

Prinzipiell sollten im Rahmen einer vorsorgenden Wohnungspolitik

- das bestehende Mietrecht erhalten bleiben,
- beim Einsatz steuerlicher Anreize die Attraktivität alternativer Anlageformen (z.B. die Abschreibungsmöglichkeiten von gewerblichen Immobilien) berücksichtigt werden,
- statt des Neubaus sozialer Mietwohnungen der Kauf von dauerhaften Belegungsrechten im Wohnungsbestand gefördert werden,
- durch eine möglichst flexible Handhabung von Belegungsrechten die Fehlbelegungsprobleme vermieden werden.

B. Ausführlicher Ergebnisbericht

Inhaltsverzeichnis

Tabellenverzeichnis

Abbildungsverzeichnis

1. Einführung in Fragestellung und Zielsetzung

Die Wohnungsmärkte in den westdeutschen Bundesländern befinden sich in jüngster Zeit in einem nicht zu übersehenden "Ungleichgewicht": Die Wohnungsnachfrage übersteigt das Wohnungsangebot erheblich, und zwar so stark, daß allenthalben von Wohnungsnot die Rede ist.

Indikatoren für dieses Ungleichgewicht sind z.B. die Zahl der Haushalte in Unterkünften, die Länge der Warteschlangen an den Wohnungsämtern und ähnliches. Will man jedoch darüber hinaus Diskrepanzen zwischen Angebot und Nachfrage aufdecken, die vorhanden sind, obwohl die entsprechenden Haushalte zunächst in irgendeiner Wohnung untergebracht sind (also ein Dach über dem Kopf haben, wenn auch nicht das nachgefragte), so tauchen eine Reihe von Problemen auf.

Eine Diagnose der Wohnungsmarktsituation und die damit zusammenhängende Ursachenanalyse - zumal dann, wenn sie mit Zahlen belegt sein sollen - sind nicht einfach, denn Wohnungsmärkte sind komplizierte Gebilde. Marktsituationen lassen sich ohne eine Vielzahl notwendiger Differenzierungen sowohl der Marktteilnehmer als auch des Produkts Wohnung nicht erfassen. Darüber hinaus gibt es große regionale Unterschiede.

In der Bundesrepublik Deutschland sind die Wohnungsmärkte grundsätzlich marktwirtschaftlich organisiert, d.h. die Wohnungsversorgung der privaten Haushalte ist Ergebnis der über Preise und Mengen ablaufenden Ausgleichsprozesse zwischen Wohnungsangebot und Wohnungsnachfrage. Dabei unterliegt die Konstituierung sowohl des Angebots, als auch der Nachfrage einer ganzen Reihe von wohnungsmarkt-endogenen, aber auch vielen außerhalb der Wohnungsmärkte angesiedelten Einflußfaktoren bzw. Determinanten. Wohnungsmarktungleichgewichte werden häufig bzw. meistens durch die Entwicklung der

Angebot und Nachfrage bestimmenden Determinanten verursacht. In Kapitel 2 des hier vorliegenden Studienberichts wird versucht, die bestehenden Marktprobleme aufzuzeigen und ihre Ursachen darzustellen.

Die beobachtbare Wohnungsversorgung in den westdeutschen Bundesländern ist jedoch nicht nur Ergebnis marktwirtschaftlicher Prozesse, sondern immer auch staatlicher Eingriffe. In Deutschland werden Wohnungsmärkte seit eh und je staatlich (teil-)reguliert, d.h. der Staat greift an vielen Stellen über ordnungspolitische Maßnahmen, finanzielle Förderung und anderes in das Marktgeschehen ein. Staatliche Maßnahmen rechtfertigen sich aus der im Grundgesetz festgeschriebenen sozialen Verpflichtung des Staates und den im Wohnungsbaugesetz für diesen Teilbereich gesellschaftlichen Lebens konkretisierten Zielen wohnungspolitischen Handelns. Die staatliche Verantwortung leitet sich unter anderem daraus ab, daß dem Wohnen der Charakter eines Grundbedürfnisses aller Staatsbürger zugestanden wird. Das wiederum bedeutet, daß in Fällen, in denen, aus welchen Gründen auch immer, von privaten Haushalten keine marktrelevante Nachfrage entfaltet werden kann, der Staat zur Deckung eines gesellschaftlich festgestellten Bedarfs verpflichtet ist. Über diese grundsätzliche soziale Verpflichtung hinaus setzt sich die Gesellschaft weitere wohnungsmarktrelevante Ziele, deren Begründung jedoch möglicherweise außerhalb der wohnungspolitischen Verpflichtung zu suchen sind (eine detailliertere Betrachtung der entsprechenden Ziele erfolgt in Kapitel 3).

Wohnungsmarktergebnisse, d.h. die Wohnungsversorgung privater Haushalte, resultieren also nicht ausschließlich aus dem Zusammentreffen von Angebot und Nachfrage, sondern sind auch immer Ausfluß staatlicher wohnungspolitischer Maßnahmen.

In die Analyse der Ursachen für die momentanen Marktungleichgewichte ist demnach die Wohnungspolitik miteinzubeziehen.

Jedoch auch dann, wenn wohnungspolitische Maßnahmen nicht dazu beigetragen haben, die augenblicklichen Probleme an den Märkten zu verursachen, so haben sie doch offensichtlich weder die Entstehung der Probleme zu verhindern, noch sie nachträglich zu lösen vermocht, wie es ihre Aufgabe wäre. Wohnungspolitik ist vor allem in jüngster Zeit nicht sehr erfolgreich, das Ziel einer "angemessenen Wohnungsversorgung breiter Schichten der Bevölkerung" ist Ende der achtziger Jahre nicht nur nicht erreicht, sondern im Gegenteil weiter entfernt als vorher. Da jedoch jährlich weit mehr als 10 Mrd. DM für wohnungspolitische Maßnahmen ausgegeben werden, besteht der Verdacht, daß die gültigen Instrumente nicht die Wirkung zeitigen, die einerseits erwünscht und andererseits vielleicht auch möglich ist. Dieser Verdacht der relativen Ineffizienz der heute praktizierten wohnungspolitischen Maßnahmen gegenüber den wohnungspolitischen Zielen führte zur Vergabe des diesem Bericht zugrundeliegenden Forschungsauftrags. Dadurch, daß sich während der Studienlaufzeit die Wohnungsmarktprobleme erheblich verschärften, hat die Fragestellung natürlich an Gewicht gewonnen. Eine Neuorientierung der Wohnungspolitik für die neunziger Jahre steht an.

Entscheidungen über Veränderungen des gültigen Maßnahmenbündels und den Einsatz neuer Instrumente können eigentlich nur auf der Grundlage einer differenzierten und umfassenden Evaluierung der Wohnungspolitik getroffen werden. Die relativ eilige Installierung wohnungspolitischer Programme in den Jahren 1989/90 konnte nicht auf gesicherten Erkenntnissen aufbauen. Sie ist deshalb nach eingehender Analyse - in Kapitel 5 dieses Berichtes - auch eher als widersprüchlich und nicht sehr erfolgversprechend einzustufen.

Jedoch muß den politischen Entscheidungsträgern - neben vielem anderen - zugute gehalten werden, daß in der Bundesrepublik Deutschland bisher ein empirisch abgesichertes, erprobtes wissenschaftliches Instrumentarium zur Analyse der Wirkung von wohnungspolitischen Maßnahmen auf die Wohnungsmärkte bzw. auf die Wohnungsversorgung der privaten Haushalte fehlt. Dabei wäre die

Komplexität der Wohnungsmärkte, wie eingangs skizziert, in ihren Details als Basis für eine Wirkungsanalyse zugrundezulegen. Die Komplexität der Märkte läßt sich nur in empirisch gestützten ökonometrischen Modellen erfassen.

Im Ifo-Institut für Wirtschaftsforschung liegt ein Wohnungsnachfragemodell vor, das das Verhalten privater Haushalte am Wohnungsmarkt abbildet. Darin sind Wohnungsangebotsseite und Marktprozesse nicht in ähnlich differenzierter Weise analysiert und ökonometrisch umgesetzt. Deshalb kann mit diesem Modell eine quantitative Evaluierung der wohnungspolitischen Instrumente nur nachfrageseitig erfolgen. Genau diese Instrumente, insbesondere die Förderung des Wohneigentums, interessieren auch in erster Linie den Auftraggeber. So konnte das Modell zur Effizienzanalyse nachfrageorientierter wohnungspolitischer Maßnahmen eingesetzt werden. Die Ergebnisse sind in Kapitel 4 dieses Berichts dargestellt.

Die Effizienz einzelner Instrumente läßt sich nicht nur anhand ihrer Wirkung am Wohnungsmarkt zur Erreichung wohnungspolitischer Ziele messen, vielmehr müssen dem Staat entstehende Kosten immer in die Messung miteinbezogen werden. Eine Veränderung der Wohnungspolitik läßt sich unter diesem Gesichtspunkt nur dann empfehlen, wenn eine höhere Stufe in der Verwirklichung wohnungspolitischer Ziele erreicht werden kann, ohne daß sich die staatlichen Aufwendungen erhöhen. (Denn selbstverständlich wird ein nach oben unbegrenzter Mitteleinsatz eine stärkere Wirkung in der Verbesserung der Wohnungsversorgung erzielen als ein niedriger Aufwand.) Unter dem Sparsamkeitsgebot wird eine Umschichtung staatlicher wohnungspolitischer Aufwendungen ohne Erhöhung des Mitteleinsatzes empfohlen, der die Wohnungsversorgung den Zielen näherbringt.

Wohnungspolitische Maßnahmen zur Verbesserung der Wohnungsversorgung verursachen jedoch nicht nur staatliche Aufwendungen, sondern induzieren auch über verschiedene Elemente des volkswirtschaftlichen Kreislaufes staatliche Einnahmen. Dieser Rückfluß an Mitteln kann gegen die ursprünglichen Kosten aufgerechnet werden. Die Netto-Aufwendungen des Staates sind für einige effiziente wohnungspolitische Instrumente ermittelt und in Kapitel 4 dargelegt.

Die Auftragsvergabe für das hiermit vorgelegte Gutachten erfolgte zu einer Zeit, bevor die Liberalisierung in Osteuropa einsetzte, bevor Grenzöffnungen den Zustrom von Aus- und Übersiedlern explosionsartig anschwellen ließen und bevor die Wiedervereinigung der deutschen Bundesländer absehbar war. In die Analyse der Wohnungsmarktsituation wurden die hohen Zuwanderungszahlen, soweit möglich, einbezogen, jedoch mußte sich die Betrachtung auf die alten Bundesländer beschränken. Noch ist es ja auch zu früh, von Wohnungs"märkten" in der ehemaligen DDR zu sprechen.

Der Einigungsvertrag hat die ostdeutsche Wohnungsversorgung für eine Übergangszeit aus der marktwirtschaftlichen Erneuerung herausgenommen. Anhand der zur ehemaligen DDR vorliegenden Versorgungsdaten läßt sich - knapp skizziert - vorerst nur festhalten, daß eine den westdeutschen Bundesländern ähnliche Wohnungsnot wohl dort nicht besteht, daß jedoch die qualitative Wohnungsversorgung der privaten Haushalte weit hinter der in Westdeutschland zurückbleibt. Aus der grundsätzlich unterschiedlichen Situation in Ost und West kann man ableiten, daß für eine Übergangszeit - bis marktwirtschaftliche Elemente wirken können - eine gänzlich andere Wohnungspolitik auf dem Gebiet der ehemaligen DDR angebracht erscheint. Diese Politik muß wohl zunächst auf eine behutsame Anpassung der Rahmenbedingungen gerichtet sein, ehe möglicherweise in den westdeutschen Bundesländern erprobte Instrumente zum Einsatz kommen können.

Die in Kapitel 3 dieses Gutachtens niedergelegten Ergebnisse der Effizienzanalyse wohnungspolitischer Maßnahmen beschränken sich insofern für die Übergangsphase auf die westdeutschen Bundesländer. Jedoch ist nach einer Überführung der planwirtschaftlichen Wohnungsversorgung in eine Marktwirtschaft auch für das Gut Wohnen in der ehemaligen DDR mit hoher Wahrscheinlichkeit davon auszugehen, daß sich die Verhaltensweisen von Anbietern und Nachfragern denen in den westdeutschen Bundesländern angleichen. Nach der angesprochenen Übergangsphase, deren Dauer jedoch noch nicht abschätzbar ist, dürften wohnungspolitische Instrumente in Ostdeutschland dem Westen vergleichbare Wirkungen auf das Wohnungsmarktgeschehen haben. Das bedeutet, daß sich die in diesem Gutachten ermittelten Effizienzen der Wohnungspolitik dann im wesentlichen auf die ehemalige DDR ausdehnen lassen dürften.

2. Wohnungsmarktsituation 1988/1989

2.1 Entwicklung des Wohnungsmarktes in den achtziger Jahren

Anfang der achtziger Jahre gingen Fachleute der Wohnungswirtschaft davon aus, daß der Wohnungsmarkt in der ehemaligen Bundesrepublik, global gesehen, ausgeglichen sei. Die Fortschreibung der Wohnungsbestandszahlen seit der letzten Vollzählung im Jahr 1968, gestützt auf Stichprobenerhebungen der Jahre 1972 und 1978, und die Fortschreibung der Anzahl der Privathaushalte signalisierten, auf einen einheitlichen bundesdeutschen Markt bezogen, einen leichten Überschuß an Wohneinheiten.

Nun sind derart globale Bilanzierungen zwischen Haushalten und Wohnungen relativ wenig aussagefähig. Sie können allemal höchstens Anhaltspunkte für überschlägige Betrachtungen von Bedarf und Bedarfsdeckung liefern, und sie werden als Überschlagsrechnungen auch hauptsächlich dazu verwendet, größere Fehlbestände an Wohnungen dingfest zu machen - so wie heute in der Diskussion um die Wohnungsnot.

Globale Bilanzierungen vernachlässigen nicht nur regionale Unterschiede (eine leerstehende Wohnung in Hamburg nutzt dem Münchener Wohnungssuchenden wenig), sondern auch das Vorhandensein einer Vielzahl sachlicher Wohnungsteilmärkte (ein Haushalt, der ein Eigenheim zur Selbstnutzung erwerben will, wird seine Nachfrage kaum durch ein leerstehendes Mietappartement decken).

Die Feststellung eines globalen Ausgleichs von Wohnungs- und Haushaltsbeständen läßt also auf keinen Fall den Schluß zu, daß die Nachfrage nach Wohnungen gedeckt ist. Darüber hinaus sollte ebenfalls auf gar keinen Fall von Marktsättigung gesprochen werden, so wie Anfang der achtziger Jahre häufig argumentiert wurde. Denn dieser Begriff besagt, daß auch bei niedrigeren Preisen des angebotenen Produkts keine zusätzliche Nachfrage entstehen würde. Und dieses, das lehrt die Wohnungsmarktentwicklung der Vergangenheit, trifft bisher nicht zu und wird bis in die weite Zukunft nicht eintreten: Denn die Wohnflächennachfrage bestehender Haushalte ist nicht gedeckt, die Haushaltsgründung beschleunigt sich bei niedrigen Wohnungspreisen, die Wanderungen innerhalb der Bundesrepublik Deutschland führen zu einer Veränderung der regionalen Wohnungsnachfrage usw..

Anfang der achtziger Jahre kamen zu den Diskussionen um gedeckte Nachfrage und Marktsättigung noch einige weitere in die gleiche Richtung weisende Argumente hinzu:

- Infolge einer Nachfrageschwäche - wegen zeitweise sinkender Realeinkommen - wurden leerstehende Wohnungen gemeldet.
- Aus den gleichen Gründen stagnierten Kauf- und Baupreise, Mieten und sogar Grundstückspreise.
- Die bis dahin zuverlässig hohen Wertsteigerungsraten von Grundstücken und Wohnimmobilien gingen zurück.
- Der Bund zog sich aus der Förderung des sozialen Wohnungsbaus zurück, die Versicherungen verzichteten auf Wohnungsbauinvestitionen.
- Prognostiker sagten rückläufige Bevölkerungszahlen voraus.
- Die Bonner Koalition diskutierte über eine Veränderung der Eigentumsförderung.

Sämtliche Entwicklungen und Ereignisse bestätigten entweder vorgefaßte Meinungen oder wurden umgekehrt von diesen ausgelöst. Warnungen, vor allem aus Wissenschaft und Forschung, blieben unberücksichtigt. In der Folge hielten sich verschreckte potentielle Wohnungsbauinvestoren so stark zurück, daß sich die Anzahl der Fertigstellungen im Wohnungsbau allein von 1984 auf 1985 um mehr als 22 % verminderte.

Will man Verantwortliche für die Fehlentwicklung finden, so stößt man auf eine Fehleinschätzung der Wohnungsmarktsituation einschließlich der zu erwartenden Entwicklung auf breiter Front. Die Fertigstellungen im Wohnungsbau blieben bis 1988 weiter stark rückläufig.

Der rückläufigen Angebotsentwicklung trat nach der vorübergehenden Schwäche zu Beginn der achtziger Jahre eine steigende Wohnungsnachfrage gegenüber. Der Nachfrageanstieg ist, bleibt man zunächst bei einer Betrachtung der ansässigen Bevölkerung, im wesentlichen auf zwei ineinandergreifende Ursachen zurückzuführen:

- Seit 1984 steigen die realen Einkommen der privaten Haushalte wieder an.
- Die geburtenstarken Jahrgänge der sechziger Jahre kommen in die Phase der Haushaltsgründung.

Beides zusammen verstärkt nicht nur die ohnehin schon vorhandene Tendenz zur Verringerung der durchschnittlichen Haushaltsgröße und damit zum Anwachsen der Anzahl nachfragender Haushalte, sondern auch die Wohnflächennachfrage des Einzelhaushalts.

Der nach der angesprochenen vorübergehenden Nachfrageschwäche wiedereinsetzende Nachfrageanstieg geht aus den oben genannten Gründen über die vorher beobachtbare Tendenz sprunghaft hinaus. Die steigende Wohnungsnachfrage trifft Mitte der achtziger Jahre auf ein nur noch schwach wachsendes Wohnungsangebot mit weiter rückläufigen Fertigstellungen im Wohnungsbau.

In der Folge dieser gegenläufigen Entwicklungen steigen die Preise (Mieten, Immobilienpreise); steigende Preise wiederum dämpfen den Nachfrageanstieg, führen aber noch nicht zu Wohnungsbauimpulsen.

In dieser Situation setzen an den Wohnungsmärkten einkommensbedingte Verdrängungsprozesse ein. Die seit Mitte der achtziger Jahre zu beobachtende Einkommenssteigerung der privaten Haushalte gilt nämlich nicht gleichmäßig für die gesamte Bevölkerung, große Bevölkerungsgruppen sind davon ausgenommen. Einkommensstarke Haushalte können in der Folge trotz steigender Preise ihre erhöhte Nachfrage in dem fast stagnierenden Wohnungsbestand decken, während Einkommensschwache ihren Wohnkonsum immer weiter einschränken müssen.

Diese "selbstgemachte" Wohnungsmarktproblematik in der ehemaligen Bundesrepublik Deutschland wird seit 1987 - und danach in explosionsartigem Ausmaß - überlagert und verstärkt durch die Zuwanderung von Aus- und Übersiedlern:

Jahr	Übersiedler	Aussiedler	insgesamt
		- in 1.000 Personen -	
1985	26,3	39,0	65,3
1986	26,2	42,8	69,0
1987	19,0	78,5	97,5
1988	39,8	202,7	242,5
1989	343,9	377,1	721,0

Quelle: Statistisches Bundesamt, Statistisches Jahrbuch 1990

Insbesondere in den Ballungsgebieten haben infolge dieser Entwicklungen die Preise so stark angezogen, daß selbst Haushalte der unteren Einkommensmittelschichten Wohnungsversorgungsprobleme haben. Man muß davon ausgehen, daß die ungedeckte Nachfrage in erster Linie auf billige Wohnungen gerichtet ist. Nachfragende Haushalte mit niedrigen Einkommen können zwar preisabhängig ihre Wohnflächennachfrage einschränken, d.h. statt einer großen eine kleine Wohnung nutzen, nicht aber ihre Nachfrage nach einer Wohnung überhaupt.

Daraus folgt einerseits, daß diese Nachfrage nach preiswerten Wohnungen durch Neubau nicht direkt gedeckt werden kann - es sei denn durch sozialen Wohnungsbau -, sondern allenfalls durch Umschichtungen der Wohnungsversorgung im Bestand: also durch Neubau ausgelöste Umzugsketten. Andererseits würde die Erweiterung des Wohnungsbestands den Preisauftrieb dämpfen und erreichte dadurch zumindest, daß sich die bestehenden Wohnungsmarktprobleme nicht weiter verschärften.

Aber erst dann, wenn das Wohnungsangebot so stark erweitert werden konnte, daß es die Nachfrage aller Haushalte deckt, sind Preiseffekte zu erwarten, die auch den einkommensschwächeren Bevölkerungsschichten Spielräume in ihrer Nachfrage lassen. Erst dann kann man damit rechnen, daß die Wohnungsversorgung der Bevölkerung sich dem annähert, was nach wohnungs- und sozialpolitischen Normen als angemessen angesehen wird. Davon jedoch, das wird die anschließende vertiefte Analyse der gegenwärtigen Wohnungsmarktsituation zeigen, ist die Versorgung in der ehemaligen Bundesrepublik Deutschland noch weit entfernt.

2.2 Wohnungsmarktdiskrepanzen

Da nachfragende Haushalte ihren Wohnkonsum an einer Reihe von Einflußfaktoren ausrichten, deren wesentliche, neben Charaktristika des Haushalts, die Wohnkosten sind, kann aus einer beobachteten Wohnungsversorgung nur begrenzt auf Diskrepanzen auf den Wohnungsmärkten geschlossen werden. Relative Intransparenz der Wohnungsmärkte, die Aufspaltung in eine Vielzahl von Teilmärkten (mit z.T. undurchschaubarer Preisgestaltung u.a.) lassen vermuten, daß zu jedem Zeitpunkt eine ganze Anzahl von Haushalten Wohnungen nutzt, die als nicht mehr adäquat empfunden werden. Das heißt, daß zu jedem Zeitpunkt Haushalte auf der Suche nach einer anderen Wohnung sind.

Die Vollerhebung der Wohnungsversorgung 1987 läßt es nun zwar zu, anhand der Anzahl von Haushalten in Übergangsheimen, Unterkünften, in Untermiete usw. rein mengenmäßig zu ermitteln, wieviele Wohnungen im westlichen Teil der Bundesrepublik Deutschland zur Deckung der Nachfrage dieser Gruppe möglicherweise fehlen, erlaubt es aber auf der anderen Seite nicht, festzustellen,

- welche Art von Wohnungen die angesprochenen Haushalte zu welchem Preis nachfragen,
- welche verdeckte Nachfrage bei den Haushalten besteht, die zum Zeitpunkt der Erhebung eine Wohnung besitzen.

Aus diesem Grund wird im folgenden - neben einer Analyse der Wohnungsmärkte aus den Daten der Vollerhebung 1987 - für das Jahr 1988 das Wohnungsangebot getrennt von der Wohnungsnachfrage ermittelt. Aus einer Bilanzierung von Angebot und Nachfrage, d.h. aus den sich dabei ergebenden Diskrepanzen, sollen dann detaillierte Rückschlüsse auf die Marktungleichgewichte abgeleitet werden.

Methodisch wird dabei das Wohnungsangebot über Fertigstellungen und Abgänge fortgeschrieben, die Wohnungsnachfrage jedoch unter Einbeziehung aller wesentlichen Einflußfaktoren unter Verwendung des Ifo-Wohnungsnachfragemodells ermittelt.[1]

Das Ifo-Modell - es wird ausführlicher in Abschnitt 3.1.3 beschrieben - ermöglicht es, über den Einsatz ökonometrisch geschätzter Nachfragefunktionen die Wohnungsnachfrage der Haushalte zu simulieren bzw., wie im vorliegenden Fall, zu prognostizieren (Ex post-Prognose von 1987 auf das Jahr 1988, für das keine

---

[1] Vgl. dazu Behring, K., A. Börsch-Supan, G. Goldrian, Wohnungsnachfrageprognose 1995, Berlin/München 1988.

statistischen Wohnungsnachfrage-Daten zur Verfügung stehen). Die Modell-Ergebnisse weisen die Nachfragestruktur nach einer Reihe von Wohnungsmerkmalen, also den angesprochenen sachlichen Teilmärkten, und nach Regionstypen aus, wobei die Intransparenz der Märkte, Zufälligkeiten der Preisgestaltung und die Frage nach dem prinzipiellen Vorhandensein bestimmter Wohnungstypen im Wohnungsangebot außer acht gelassen werden - nicht jedoch die sich in den Wohnkosten niederschlagenden relativen Knappheitsverhältnisse.

Die Bilanz aus Wohnungsangebot und Wohnungsnachfrage für das Jahr 1988 - für nachfolgende Jahre liegen keine ausreichenden Informationen vor - erlaubt es, die vermuteten Marktungleichgewichte näher zu spezifizieren. Daraus wiederum lassen sich Hinweise auf Erfolg oder Mißerfolg der Wohnungspolitik bzw. die Notwendigkeit eine Neuorientierung gewinnen.

2.2.1 Durchschnittliche Wohnungsversorgung 1987

Mit Vorliegen der Daten aus der Vollerhebung von Gebäuden, Wohnungen und Haushalten 1987 ließ sich anhand einiger Indikatoren feststellen, daß sich die Wohnungsversorgung der Bevölkerung zwischen 1968, dem Jahr der letzten Vollerhebung, und 1987 in den westdeutschen Bundesländern erheblich verbessert haben muß. Diese Entwicklung wird seitdem und bis heute allen Argumenten über Wohnungsnot entgegengehalten. Jedoch beruht das Urteil einer verbesserten Wohnungsversorgung auf durchschnittlichen Meßzahlen und läßt differenzierte Betrachtungen und die daraus zu ziehenden Schlüsse außer Betracht.

Der Vergleich der Gebäude- und Wohnungszählungen belegt, daß es 1987 3,1 Mill. oder 36 % mehr Wohngebäude gab als 1968.[1] Dieser Zuwachs wurde zu

---

[1] Statistisches Bundesamt, Fachserie 5, Heft 1-6, Gebäude- und Wohnungszählung vom 25. Mai 1987, sowie Knop, W., Bestand an Gebäuden und Wohnungen 1987, in: Wirtschaft und Statistik, 8/1989, S. 483 ff.

82 % durch den Bau von 2,6 Mill.Gebäuden mit einer Wohnung (Familienheime) getragen. Damit stellte dieser Gebäudetyp 1987 rund 60 % aller Wohngebäude. Damit einhergehend verjüngte sich die Bausubstanz: Allein von den Gebäuden, die vor 1918 errichtet wurden, schieden in diesem Zeitraum rund 700.000 aus (Anteil 1987: 19,4 %). Nur noch ein Drittel aller Wohngebäude stammt aus der Zeit vor 1949. Seit Ende 1968 wurden fast 3,8 Mill. Wohngebäude neu errichtet.

In fast 20 Jahren hat sich damit die Versorgung der privaten Haushalte mit Wohnraum in den westdeutschen Bundesländern im Durchschnitt stark verbessert. So standen im Mietwohnungssektor 1987 je Person fast zwei Räume (1,8) zur Verfügung mit einer durchschnittlichen Fläche von 33 qm. Dies entspricht 10,5 qm mehr Wohnfläche als 1968 oder einer Steigerung von 46 %. Im Eigentümerwohnbereich sehen die Werte noch etwas besser aus: Hier liegt 1987 die Durchschnittswohnfläche bei 38 qm gegenüber 25 qm pro Person im Jahre 1968. Offensichtlich ist die Nachfrage nach Wohnfläche kräftig gestiegen. Diese Tendenz wird auch in Zukunft anhalten.

Allerdings macht man es sich zu einfach, wenn man behauptet, die Entwicklung sei allein Folge eines steigenden Anspruchs an Wohnungsnutzung. Nicht unberücksichtigt bleiben darf, daß zwischen den beiden Vollerhebungen die durchschnittliche Haushaltsgröße erheblich zurückgegangen bzw. der Anteil der Einpersonen-Haushalte rasant angestiegen ist. Der Wohnkonsum von Einpersonen-Haushalten jedoch nimmt, beispielsweise auch wenn sie Kleinstwohnungen nachfragen, allein aus baulichen Gründen mehr Fläche in Anspruch als der Flächenkonsum pro Person von Mehrpersonen-Haushalten. Denn sanitäre Anlagen, Küchen und sonstige Nebenflächen werden üblicherweise mit ungefähr gleicher Fläche nur einmal pro Wohnung gebaut und gebraucht, egal ob die Wohnung ein, zwei oder mehr Zimmer umfaßt.

Darüber hinaus sagt die prinzipiell positive Entwicklung der Durchschnittszahlen nichts über die bedarfsgerechte Verteilung von Wohnraum aus.

Zwischen den beiden Großzählungen erhöhte sich die Anzahl der Wohnungen insgesamt um rund ein Drittel, die der Bevölkerung jedoch nur um 7,2 %. Wenn man dabei die Bestandsveränderung nach Wohnungsgrößen differenziert, zeigt sich eine Zunahme um 5,5 % bei den Kleinwohnungen mit ein bis zwei Zimmern, in der mittleren Kategorie mit drei Zimmern belief sich der Anstieg auf 22 %, die Anzahl der großen Wohnungen (mit vier und mehr Zimmern) hat dagegen mit 73 % stark zugenommen. Zu dieser Entwicklung hat hauptsächlich die rege Produktion von Familienheimen in den siebziger Jahren beigetragen. In dieser Zeit wurden pro Jahr durchschnittlich rund 220.000 Ein- und Zweifamilienhäuser fertiggestellt. Nach 1980 war die Bauproduktion dieser Kategorie rückläufig und erreichte den Tiefstand im Jahre 1988 mit nur noch 60.000 Fertigstellungen.

Differenziert man regional nach siedlungsstrukturellen Kreistypen, so zeigt sich, daß die Bautätigkeit überdurchschnittlich stark im ländlichen Umland der Kernstädte von Ballungsgebieten stattfand. Der Wohnungsbestand vergrößerte sich dort zwischen 1968 und 1987 um 44 %, während der Durchschnitt für alle Regionstypen bei 34 % lag. In diesem ländlichen Umland befanden sich 1987 68 % der Wohnungen in Ein- und Zweifamilienhäusern, in Kernstädten waren es nur knapp 20 %.[1]

Der Wegzug aus den Zentren der Ballungsgebiete stellte in der Vergangenheit vor allem für Familien mit Kindern oder mit Kinderwunsch eine Möglichkeit dar, neben mehr Wohnraum auch ein familienfreundliches Umfeld zu finden. Für die Annahme, daß die Nachfrage nach großen Wohnungen (zu akzeptablem Preis) in den Kernstädten nicht ausreichend gedeckt werden kann, spricht auch die

---

[1] Der Bundesminister für Raumordnung, Bauwesen und Städtebau, Raumordnungsbericht 1990, Bonn 1991, S.89 ff, Abgrenzung der Kreistypen vgl. Abschnitt 3.1.3.

Tabelle 2.1

Struktur des Wohnungsbestandes nach siedlungsstrukturellen Kreistypen

Regionstyp	Wohnungsbestand		Anteil der Wohnungen 1987			Durchschn. Wohnungsgröße 1987
	Bundesgebiet = 100	Veränderung gegenüber 1968 in %	in Gebäuden im 1 oder 2 Wohnungen in %	in bis 1948 errichteten Gebäuden in %	mit Bad, WC und Sammelheizung in %	in qm
Regionen mit großen Verdichtungsräumen						
- Kernstädte	31,0	23,3	19,5	33,2	73,3	71,9
- Hochverdichtetes Umland	19,4	45,5	54,4	25,2	75,7	88,7
- Ländliches Umland	7,8	44,2	67,9	27,5	+78,7	97,3
Regionen mit Verdichtungsansätzen						
- Kernstädte	5,9	31,6	26,2	29,3	78,6	75,1
- Ländliches Umland	21,3	36,6	67,2	32,4	71,5	96,7
Ländlich geprägte Regionen	14,6	34,7	64,1	31,8	67,1	95,9
Bundesgebiet (West)	100,0	33,7	47,1	30,6	73,3	86,1

Quelle: Laufende Raumbeobachtung der Bundesforschungsanstalt für Landeskunde und Raumordnung, Raumordnungsbericht 1990 der Bundesregierung.

Tatsache, daß dort die Wohnungsgröße im Jahr 1987 mit durchschnittlich 72 qm wesentlich unter der des ländlichen Umlandes lag (97 qm). Diese um rund 25 qm geringere durchschnittliche Wohnfläche pro Wohnung dürfte u.a. darauf zurückzuführen sein, daß es in Kernstädten mit der Zunahme der Einpersonen-Haushalte u.a. zur Aufteilung großer Wohnungen in kleine Einheiten kam.

Neben der Vergrößerung der durchschnittlichen Fläche pro Wohnung hat sich zwischen 1968 und 1987 auch die Ausstattung der Wohnungen verbessert. Waren 1968 erst knapp 30 % der Wohnungen mit Sammelheizung, Bad bzw. Dusche und WC ausgestattet, so waren es 1987 bereits über 70 %. Hierzu haben nicht zuletzt die Sanierungen und Modernisierungen von Altbauten beigetragen.

Der höchste Anteil alter Bausubstanz findet sich in den Kernstädten der Ballungsgebiete, wo ein Drittel der Gebäude vor 1949 errichtet wurde. Dennoch entspricht die beschriebene Heizungs- und sanitäre Vollausstattung auch hier mit 73 % dem Durchschnitt der westdeutschen Bundesländer. Das deutet darauf hin, daß in den Ballungszentren die qualitative Verbesserung des Wohnungsbestands intensiv vorangetrieben wurde. Durch die starke Neubautätigkeit in den Umlandgemeinden der Ballungsregionen findet man hier nahezu vier von fünf Wohnungen mit Sammelheizung und gutem Sanitärstandard.

2.2.2 Entwicklung der Marktungleichgewichte

Wie oben schon erläutert, soll für das Jahr 1988 eine Bilanz von angebotenen und nachgefragten Wohnungen erstellt werden, um die seitdem verstärkt auftretenden Wohnungmarktdiskrepanzen sichtbar zu machen.

2.2.2.1 Methodisches und Datenbasis

Der Versuch, eine Bilanz von Angebot und Nachfrage des Wohnungsmarktes für das Jahr 1988 zu erstellen, wird durch das Fehlen ausreichender statistischer Informationen erschwert. Volkszählungen, die nachfragerelevante Daten über die Anzahl der Haushalte und Personen in der Bundesrepublik liefern, fanden zuletzt in den Jahren 1970 und 1987 statt. Für die Beurteilung der Angebotsseite lassen sich aus den Gebäude- und Wohnungszählungen 1968 und 1987 exakte Informationen gewinnen. Zwischen den großen Erhebungen basiert die offizielle Statistik allerdings auf den Daten der Fortschreibungen, die wiederum durch Stichproben gestützt sind, so daß die Anzahl der Haushalte bzw. der Bestand an Wohnungen - insbesondere regional und nach ihren Merkmalen - nicht ausreichend genau ausgewiesen werden.

Die Ergebnisse der letzten Wohnungszählung vom 25.Mai 1987 zeigen, in welchem Ausmaß Fortschreibungen von der Realität abweichen können. Der amtliche statistische Wohnungsbestand der Fortschreibung war um rund 1 Million Wohnungen höher als der gezählte Bestand. Für Westdeutschland mußte die Bestandszahl um 3,8 % und auf Länderebene sogar um bis zu 6,9 % (Saarland) reduziert werden.[1] Der Hauptgrund für diese beachtlichen Differenzen ist in der Abgangsstatistik zu suchen, die mit der Erfassung ausschließlich der genehmigten Abrisse von Wohnungen bzw. Wohngebäuden nicht alle bestandsverändernden Vorgänge berücksichtigt. In der Regel sind Nutzungsänderungen, wie z.B. die Umwandlung einer Wohnung in Bürofläche, Zusammenlegungen von Wohnungen oder den Verwendungszweck von ganzen Gebäuden ändernde Umwidmungen, nach den Landesbauordnungen zwar genehmigungsbedürftig. Die

1 Vgl. hierzu Würzburger, P., E. Wedel, Erste Ergebnisse der Volkszählung 1987, in: Wirtschaft und Statistik, 12/1988, S. 839 ff.

statistischen Abweichungen zeigen aber, daß jährlich mehr Wohnungen verlorengehen, als offiziell erfaßt werden.

Nach 1987 werden Aussagen zu Anzahl und Merkmalen des Wohnungsangebots u. a. dadurch erschwert, daß die zur Darstellung der Entwicklung verfügbare Bautätigkeitsstatistik nicht ausreichend detailliert ist. Entsprechend schwierig ist es, mit den verfügbaren Daten über das Wohnungsangebot dem hohen Differenzierungsgrad des Ifo-Wohnungsnachfragemodells zu entsprechen. Dennoch konnte eine Bilanzierung von Wohnungsangebot und -nachfrage nach Regionstypen und Wohnungsgrößen bis Ende 1988 realisiert werden. Dazu war es unumgänglich, den Mangel der unzureichenden Datensituation dadurch auszugleichen, daß bei der Ermittlung der aktuellen Angebotsstruktur den Berechnungen neben der amtlichen Statistik wirklichkeitsnahe Annahmen zugrundegelegt wurden. Die Abgrenzungen und das methodische Vorgehen seien kurz skizziert:

- Es wird nur das freifinanzierte Segment des Wohnungsmarktes (in der Abgrenzung des Ifo-Wohnungsnachfragemodells, wie in Abschnitt 3.1.3 beschrieben) der ehemaligen Bundesrepublik Deutschland betrachtet. Ausgegrenzt werden soziale Mietwohnungen, Wohnungen der Vollerwerbslandwirte sowie Dienst-, Werks- und Stiftswohnungen.

- Auf der Angebotsseite bildet die Gebäude- und Wohnungszählung 1987 die Basis für die Berechnungen: Grundlage ist der Bestand an Wohnungen insgesamt, inklusive leerstehender Wohneinheiten. Unberücksichtig bleiben Wohnungen in Wohnheimen, von ausländischen Streitkräften, für Freizeitzwecke.

- Die Bestandsfortschreibung erfolgt über die Ergebnisse der Wohnungsfertigstellungsstatistik für 1987 (Restjahr) und 1988.

- Aufgebaut wird auf den kleinstmöglichen statistischen Einheiten, d.h. auf Kreisebene regionalisiert und nach Wohnungsgröße differenziert.

- Räume sind in die Modell-Kategorie Zimmer umgerechnet, d.h. die in der amtlichen Statistik angegebene Raumzahl wird gegebenenfalls um einen Raum (die Küche) verringert: Ein- bis Drei-Raum-Wohnungen entsprechen den Ein- bis Zwei-Zimmer-Wohnungen des Modells usw..

- An Wohnungsabgängen werden 80.000 Einheiten p.a. für 1987 (anteilig Juni bis Dezember) sowie für 1988 unterstellt, ein Durchschnittswert, der sich aus der Rückrechnung der amtlichen Fortschreibung und Abstimmung mit den Vollerhebungen ergibt. Abgehenden Wohneinheiten wird die Struktur des Wohnungsbestands zum Zeitpunkt der Wohnungszählung 1987 zugrundegelegt.

- Da entweder in der Fertigstellungs- oder in der Abgangsstatistik Besitzverhältnisse (Eigentum/Miete) und Gebäudegrößen durchgängig nicht ausgewiesen sind, mußten diese Merkmale der Wohnungsnachfrage unberücksichtigt bleiben.

2.2.2.2 Ungedeckte Nachfrage 1987/1988

Mit der Gebäude- und Wohnungszählung 1987 wurden wohnungsmarktrelevante Daten vollständig erhoben, so daß zusammen mit den Volkszählungsergebnissen die für eine Bilanzierung von Angebot und Nachfrage notwendige Grundlage gegeben war. Aber bereits eine Gegenüberstellung der Anzahl der Haushalte und der Wohneinheiten für diesen Zeitpunkt wird dadurch erschwert, daß auch Wohnraum erfaßt wurde, der der wohnberechtigten Bevölkerung nicht zur Verfügung steht. Dies trifft u.a. für die Wohnungsnutzung durch ausländische Streitkräfte und diplomatische bzw. konsularische Vertretungen zu. Weiterhin ergeben sich Unschärfen bezüglich der Wohneinheiten, die für Freizeitzwecke und als Zweitwohnung genutzt werden. Auf der Seite der Wohnungsnachfrage sollten die Haushalte, die in Gebäuden mit vollständiger Wohnheimnutzung leben, außer Betracht bleiben.

Wenn man all dies berücksichtigt, gab es im Mai 1987 in der ehemaligen Bundesrepublik Deutschland 26,1 Mill. Haushalte mit 61,5 Mill. Personen, denen 25,3 Mill. Wohnungen zur Verfügung standen. Danach lebten also 815.000 Haushalte nicht in einer eigenen Wohnung. Bei diesen Haushalten handelt es sich in erster Linie um Untermieter- und Zweithaushalte, u.a. auch um Haushalte in Wohngemeinschaften. Gleichzeitig standen jedoch 467.300 Wohnungen leer, wobei ungeklärt ist, wie lange der Leerstand dauerte bzw. umgekehrt, ob die Wohnungen nur vorübergehend wegen Umzug oder Instandsetzung/Modernisierung leerstanden. Selbst wenn man diese Wohnraumreserve als grundsätzlich verfügbar betrachtet, weist die offizielle Statistik für 1987 immer noch 347.000 Haushalte mehr aus als Wohnungen.[1]

Die Eigentümerquote des gesamten Wohnungsbestandes beträgt dabei 39,3 %. Beide Zahlen können unter Wohnungsmarktgesichtspunkten relativiert werden:

- Nicht alle der als bewohnt gemeldeten Wohnungen stehen tatsächlich als Wohnungsangebot zur Verfügung: Man denke beispielsweise an die große Anzahl sogenannter unechter Zweifamilienhäuser, in denen zwar ein fingierter Mietvertrag eine zweite (Miet-)Wohnung ausweist, die aber tatsächlich vom selbstnutzenden Eigentümer des Hauses mitgenutzt wird. Bezieht man solche Überlegungen in die Berechnungen mit ein und verschiebt man darüber hinaus den Betrachtungszeitpunkt von Ende Mai 1987 (dem Erhebungszeitpunkt) auf den 31.12.1987, so läßt sich für Ende 1987 ein Wohnungsfehlbestand von rund 250.000 Wohnungen ermitteln.

- Legt man ähnliche Ansätze der Berechnung der Eigentümerquote zugrunde, so ergibt sich für das Jahresende 1987 eine Quote von 40,3 %.

Für das Jahr 1978 läßt sich, stellt man in ähnlicher Weise Angebot und Nachfrage einander gegenüber, auf der Basis der 1-v.H.-Wohnungsstichprobe 1978 noch ein Angebotsüberschuß von rund 900.000 Wohnungen ermitteln. Aussagen zur Entwicklung des Wohnungsmarktes im folgenden Zeitraum sind erst wieder auf der Grundlage der Ergebnisse der Gebäude- und Wohnungszählung 1987 zuverlässig möglich.

---

[1] Wedel, E., Wohnraumversorgung der Haushalte 1987, in: Wirtschaft und Statistik, 8/1989, S. 495.

Ein Vergleich der globalen Wohnungsmarktsituation der Jahre 1978 und 1987 zeigt eine dramatische Entwicklung: Von 1978 bis 1987 reduzierte sich der damals erkennbare Angebotsüberschuß um über 1,1 Mill. Einheiten und führte im Westdeutschland des Jahres 1987 zu einem Fehlbestand von rund 250.000 Wohnungen.

Nach 1987 setzt sich diese Entwicklung eher beschleunigt fort. Wie die folgenden Daten und Darstellungen zeigen, fehlen 1988 in Westdeutschland schon knapp eine Million Wohnungen. Für 1989 und 1990 muß man davon ausgehen, daß das vorher bestehende Defizit sich noch einmal kräftig vergrößert hat.

2.2.2.3 Differenzierte Angebots-Nachfrage-Bilanzen 1987/1988

Grundsätzlich muß man erwarten, daß sich, geht man über eine globale Betrachtung des Wohnungsmarktes hinaus, bei einer Untergliederung in regionale und sachliche Teilmärkte schon beobachtete Diskrepanzen noch verschärfen. Im folgenden sollen deshalb die Bilanzen zwischen Angebot und Nachfrage für die Jahre 1987 und 1988 einerseits wohnungsgrößenspezifisch, andererseits in Regionstypen gegliedert, vertieft werden (vgl. die folgende Tabelle 2.2).

Schon im Jahr 1987 wird die Nachfrage nach großen Wohnungen mit vier und mehr Zimmern nicht mehr durch das Angebot gedeckt. Über alle Regionstypen gesehen, fehlen bereits 728.000 Wohnungen dieser Kategorie. Auch bei der Drei-Zimmer-Wohnung in Regionen mit Verdichtungsansätzen besteht bereits eine beträchtliche ungedeckte Nachfrage von 231.000 Wohnungen. Ein Angebotsüberschuß läßt sich nur bei den Kleinwohnungen feststellen, sowie bei den Drei-Zimmer-Wohnungen in Ballungsgebieten.

Betrachtet man die entsprechenden Ergebnisse für 1988, so zeigt sich deutlich eine Verstärkung der Tendenz zur Nachfrage nach großen Wohnungen. Insge-

Tabelle 2.2

Angebots- (+) bzw. Nachfrageüberschuß (-) bei Wohnungen des freifinanzierten Wohnungsmarktes
nach Regionstypen und Wohnungsgrößen
- in 1.000 Wohneinheiten -

Regionstyp	1987 Gesamt	1987 Wohnungen mit .... Zimmern				1988 Gesamt	1988 Wohnungen mit .... Zimmern			
		1 u. 2	3	4	5+		1 u. 2	3	4	5+
Ballungsgebiete	349	321	248	- 72	- 148	50	379	110	- 170	- 268
Regionen mit Verdichtungsansätzen	- 369	155	- 231	- 254	- 39	- 630	155	- 288	- 347	- 151
Ländliche Regionen	- 228	27	- 40	- 113	- 102	- 357	20	- 71	- 148	- 159
Insgesamt	- 248	503	- 24	- 439	- 289	- 937	554	- 249	- 665	- 578

Quelle: Statistisches Bundesamt, Fachserie 5, Gebäude- und Wohnungszählung vom 25.5.1987; Fachserie 5, Reihe 1, 1987 und 1988; Ausgewählte Zahlen für die Bauwirtschaft.
Berechnungen mit dem Ifo-Wohnungsnachfragemodell.

samt 1,24 Mill. Vier-und-mehr-Zimmer-Wohnungen fehlen in den drei Regionstypen. Von den nachfragenden Haushalten fragt fast die Hälfte große Wohnungen (hauptsächlich in Eigenheimen) nach. In Regionen mit Verdichtungsansätzen sowie in ländlichen Regionen setzt sich die schon 1987 beobachtete Nachfrageunterdeckung auch bei den Drei-Zimmer-Wohnungen fort, was im Jahr 1988 zu einem Fehlbestand von knapp 360.000 Einheiten führt.

Der in Ballungsgebieten 1987 noch vorhandene Angebotsüberschuß von 248.000 Wohnungen mit drei Zimmern verringert sich bis Ende 1988 auf nur 110.000. Dies legt die Vermutung nahe, daß viele Haushalte, die ursprünglich auf der Suche nach größeren Wohnungen waren, zwangsläufig in diese Kategorie drängten.

Bei den Kleinwohnungen besteht 1988 ein Angebotsüberschuß von rund 550.000 Einheiten, wovon 68% auf die Ballungsgebiete entfallen. Es ist jedoch anzunehmen, daß dieser Überschuß dem Markt aus den unterschiedlichsten Gründen tatsächlich gar nicht zur Verfügung steht (Zweitwohnungen, selbstgenutzte Einliegerwohnungen usw.).

Die Abbildungen 2.1 zeigen die Veränderungen der Nachfrage- bzw. Angebotsüberschüsse in absoluten Zahlen von 1987 auf 1988 nach Wohnungsgrößen. Die Reduzierung des Überangebots um 138.000 Drei-Zimmer-Wohnungen in Ballungsgebieten ist so frappierend, daß man vermuten kann, daß in dieser mittleren Kategorie in naher Zukunft ebenfalls eine ungedeckte Nachfrage entstehen dürfte. Die Ausweitung der Diskrepanzen bei den großen Wohnungen aufgrund zu niedriger Nettozugänge in das Angebot stützt diese Annahme.

Die Abbildungen 2.2 stellen das Gliederungsmerkmal Regionstypen in den Vordergrund. Danach bestand in den ländlichen Gebieten im Jahre 1988 eine ungedeckte Nachfrage nach rund 300.000 Wohnungen mit vier und mehr Zimmern.

Abbildung 2.1

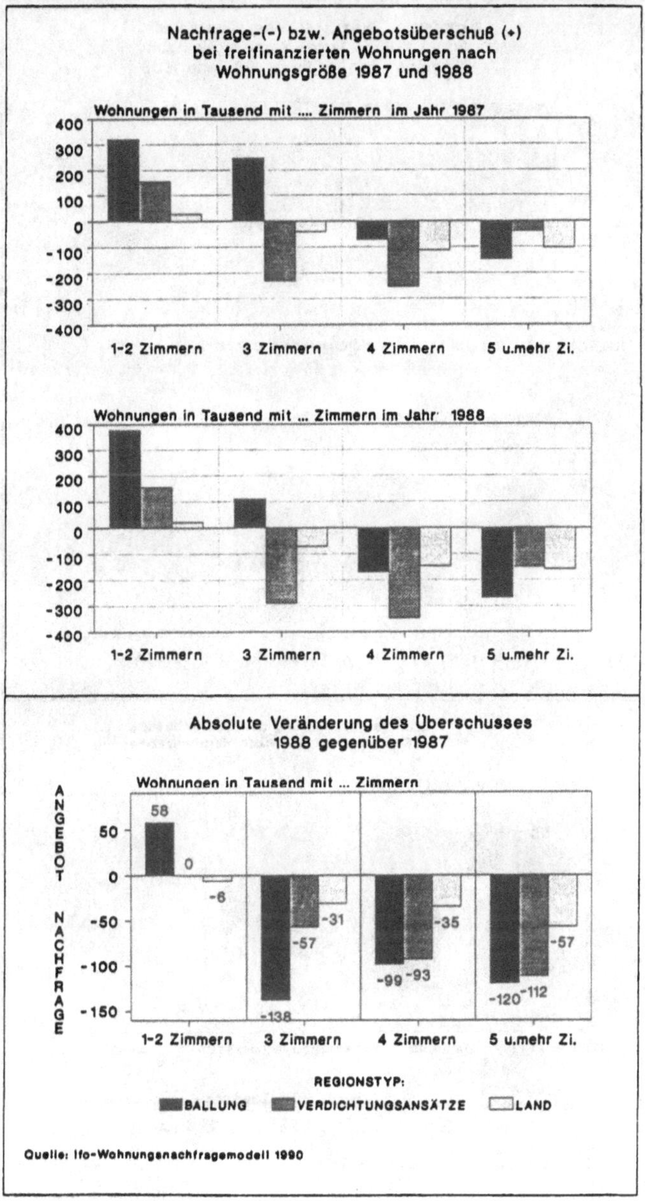

Abbildung 2.2

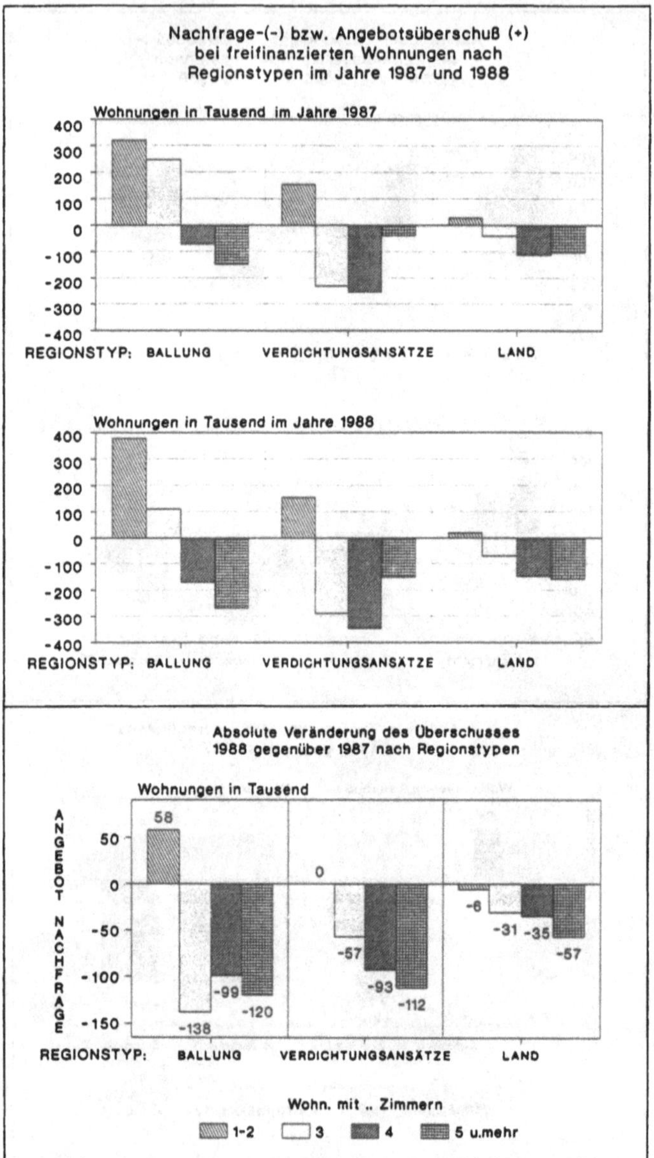

Quelle: Ifo-Wohnungsnachfragemodell 1990

Obwohl hier die Veränderung gegenüber 1987 nicht so drastisch ausfällt, deutet sich die gleiche Entwicklung wie in den beiden anderen Regionstypen an: Die Nachfrage richtet sich immer stärker auf große Wohneinheiten.

In den Ballungsgebieten sowie in den Regionen mit Verdichtungsansätzen verstärkt sich die Nachfrageunterdeckung, was nicht zuletzt auch in der Veränderung der Zahl der Haushalte begründet ist. Die folgende Tabelle 2.3 zeigt, um diesen Zusammenhang zu verdeutlichen, die Veränderung zwischen 1987 und 1988 nach Regionen und Zimmer-Größenklassen in Prozent. Hierbei wird auf der Seite der Nachfrage zwischen "nicht bereinigter" und "bereinigter" Nachfrage unterschieden. Letztere klammert die Einflüsse aus, die aus den Zuwanderungen der Aus- und Übersiedler resultieren. Damit treten die sozioökonomisch und demographisch bedingten Marktungleichgewichte, die durch die ansässige Bevölkerung verursacht werden, deutlicher hervor.

Aus Tabelle 2.3 ergibt sich folgendes Bild: Die nicht bereinigte Nachfrageentwicklung - also einschließlich der Zuwanderungen - zeigt für die westdeutsche Bundesrepublik insgesamt einen Zuwachs von 4,2 %. Überdurchschnittlich starke Zuwächse finden sich bei den größeren Wohnungen mit drei und mehr Zimmern. Dabei ergeben sich die stärksten Veränderungen mit über 7 % für 4-und-mehr-Zimmer-Wohnungen in den Regionen mit Verdichtungsansätzen. Die Nachfrage nach 1-2-Zimmer-Wohnungen steigt in ländlichen Regionen mit 2,1 % stärker als in Regionen mit Verdichtungsansätzen (1 %). In Ballungsgebieten dagegen geht die Nachfrage nach diesem Wohnungstyp um 1 % zurück.

Demgegenüber verändert sich die Wohnungsgrößenstruktur des Angebots nicht adäquat: Der Wohnungsbestand der westdeutschen Bundesländer weist zwischen Ende 1987 und 1988 mit + 0,9 % den stärksten Zuwachs bei den größten Wohnungen auf, wobei der Zuwachs in Ballungsgebieten mit 0,8 % leicht niedri-

Tabelle 2.3

Angebotene und nachgefragte Wohnungen im freifinanzierten Marktsegment nach Regionstypen und Wohnungsgröße

- Veränderung 1988 gegenüber 1987 in % -

Regionstyp		insgesamt	Wohnungen mit ... Zimmern			
			1-2	3	4	5 und mehr
Ballungsgebiete	Bestand+Fertigstellungen	0,36	0,20	0,13	0,65	0,82
	bereinigte Nachfrage[1)]	2,29	-2,16	3,75	4,13	4,82
	nicht bereinigte Nachfrage	3,45	-1,05	4,93	5,32	6,01
Regionen mit Verdichtungsansätzen	Bestand+Fertigstellungen	0,62	0,43	0,30	0,75	0,95
	bereinigte Nachfrage[1)]	4,08	-0,12	3,20	5,65	6,16
	nicht bereinigte Nachfrage	5,26	1,02	4,38	6,85	7,37
Ländliche Regionen	Bestand+Fertigstellungen	0,64	0,51	0,27	0,68	1,02
	bereinigte Nachfrage[1)]	3,62	0,96	3,33	3,88	5,12
	nicht bereinigte Nachfrage	4,80	2,10	4,50	5,06	6,31
Bundesrepublik insgesamt	Bestand+Fertigstellungen	0,47	0,28	0,18	0,68	0,91
	bereinigte Nachfrage[1)]	3,03	-1,33	3,54	4,59	5,34
	nicht bereinigte Nachfrage	4,20	-0,20	4,71	5,78	6,54

1) Ohne Einfluß der Veränderung der Anzahl privater Haushalte 1987/88 durch Aus- und Übersiedler.

Quellen: Statistisches Bundesamt, Fachserie 5, Gebäude- und Wohnungszählung vom 25.5.1987 Fachserie 5, Reihe 1, 1987 und 1988; Ausgewählte Zahlen für die Bauwirtschaft; Berechnungen mit dem Ifo-Wohnungsnachfragemodell.

ger ausfällt als auf dem Land (1 %) bzw. in den Regionen mit Verdichtungsansätzen (0,9 %).

Der Vergleich der jüngsten Veränderungen im Wohnungsangebot mit der Entwicklung der unbereinigten Nachfrage läßt also nur für Kleinwohnungen in Regionen mit Verdichtungsansätzen ein noch ausreichendes Angebot erwarten, da hier die Differenz der jeweiligen Steigerungsraten zwischen 1987 und 1988 am geringsten ist. Bei den größeren Wohnungen klaffen die jeweiligen Wachstumsraten von Angebot und Nachfrage weit auseinander, eine Entwicklung, die sich in den nächsten Jahren auch durch die anhaltenden Wanderungsbewegungen weiter verschärfen dürfte.

Der Effekt der Zuwanderung auf die Wohnungsnachfrage wird als sehr hoch eingeschätzt. Um dieses nachzuprüfen, sind in Tabelle 2.3 in den Zeilen "bereinigte Nachfrage" die Veränderungen durch Zuwanderung ausgeschlossen worden, d.h. die Nachfrageentwicklung wurde um die Zuwanderungseffekte bereinigt. (Da keine Daten über die räumliche Verteilung dieser zusätzlichen am Wohnungsmarkt auftretenden Haushalte vorliegen, wurden sie den hier verwendeten Regionstypen proportional zugeordnet.)

Die Betrachtung der Entwicklung der bereinigten Nachfrage zeigt, daß auch ohne den Einfluß der verstärkten Zuwanderungen zwischen 1987 und 1988 die Nachfrage nach Wohnungen mit drei und mehr Zimmern in allen westdeutschen Bundesländern überdurchschnittlich stieg. Für diese mittleren und großen Wohnungen wird damit die gleiche Entwicklung wie für die Nachfrage insgesamt deutlich, jedoch ist offensichtlich der "hausgemachte" Effekt schwächer als der aus der Zuwanderung. Trotzdem hätte auch die interne Nachfrageentwicklung allein zu ähnlichen, wenn auch nicht ganz so starken Marktdiskrepanzen geführt, wenn die Zuwanderung ausgeblieben wäre.

Nur was die Kleinwohnungen betrifft, bestehen offensichtlich gegenläufige Nachfragetendenzen zwischen ansässigen und zuwandernden Haushalten. Die ansässige Bevölkerung verliert das Interesse an Ein-bis-Zwei-Zimmerwohnungen (ausgenommen im flachen Land), während zuwandernde Haushalte Kleinwohnungen nachfragen. In Ballungsgebieten und solchen mit Verdichtungsansätzen entschärft die Zuwanderung das Auseinanderklaffen in der Entwicklung von Angebot und Nachfrage. Beispielsweise steht einem noch um rund 0,5 % wachsenden Angebot von Kleinwohnungen in Regionen mit Verdichtungsansätzen eine nachlassende Nachfrage der ansässigen Bevölkerung gegenüber (-0,1 %), aber unter Einschluß der Zuwanderung zeigt die Nachfrage hier sogar noch steigende Tendenzen (+ 1 %).

Die demographische und sozioökonomische Entwicklung der einheimischen Haushalte hat in den vergangenen Jahren die Wohnungsmarktlage bestimmt. Sie führte zu der Nachfragestruktur im freifinanzierten Wohnungsmarkt (in der Modellabgrenzung), wie sie in Abbildung 2.3 gezeigt wird. Danach fragen im Jahre 1988 von insgesamt 21,5 Mill. Haushalten mehr als die Hälfte (54,2 %) Wohnungen in Ballungsgebieten nach, und zwar ganz überwiegend (58 %) Wohnungen mit bis zu 3 Zimmern, der Rest (42 %) entfällt auf die größeren Wohneinheiten.

Auf der Angebotsseite (Abbildung 2.4) entfallen 57 % der freifinanzierten Wohneinheiten auf Ballungsgebiete, wobei der Anteil der Wohnungen mit bis zu 3 Zimmern 61,5 % beträgt. Der Wohnungsbestand, der in den siebziger Jahren in erster Linie durch die vermehrte Bauproduktion von Ein- und Zweifamilienhäusern erweitert wurde, stieg insbesondere in den ländlichen Regionen. Nach unseren Berechnungen traten dort bis 1988 auch keine spürbaren Marktungleichgewichte auf, was sich jedoch - wie bereits erläutert - zu ändern scheint. Im freifinanzierten Segment entfallen rund 16 % der Nachfrage auf diesen Regionstyp, wobei 58 % der Haushalte Wohnungen mit 4 und mehr Zimmern suchen

Abbildung 2.3

Nachfragestruktur im freifinanzierten Wohnungsmarkt nach Regionstypen und Wohnungsgrößen im Jahre 1988

- Anteile in Prozent -

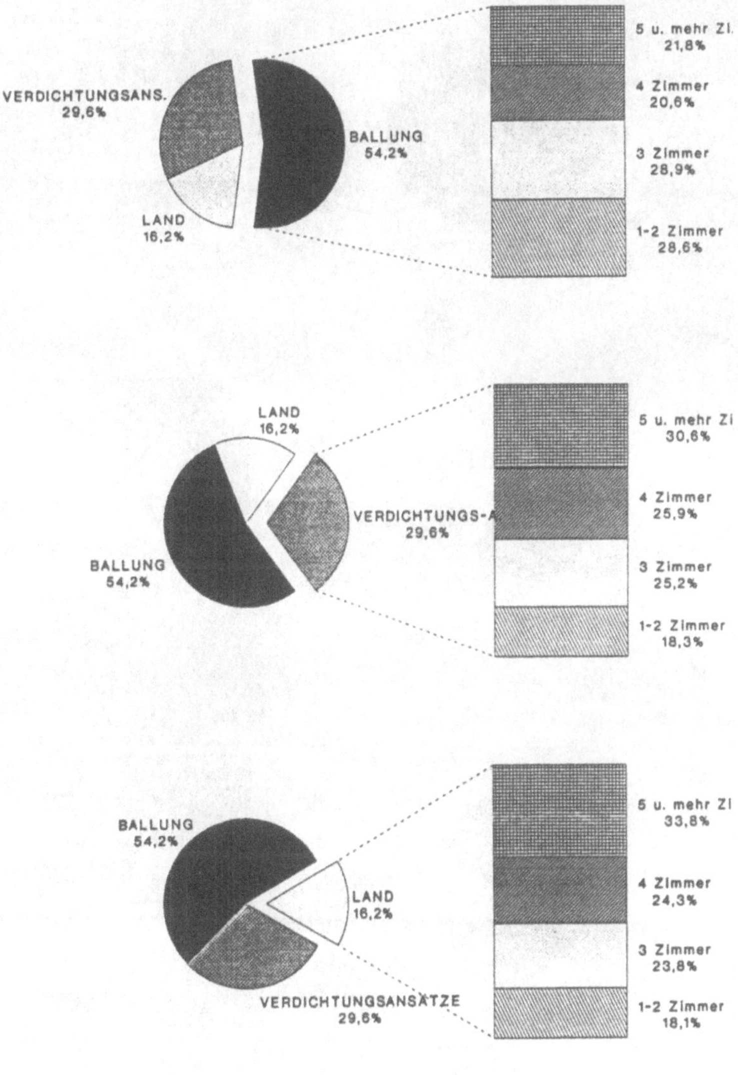

Quelle: Ifo-Wohnungsnachfragemodell 1990

Abbildung 2.4

Angebotsstruktur im freifinanzierten Wohnungsmarkt nach Regionstypen und Wohnungsgrößen im Jahre 1988

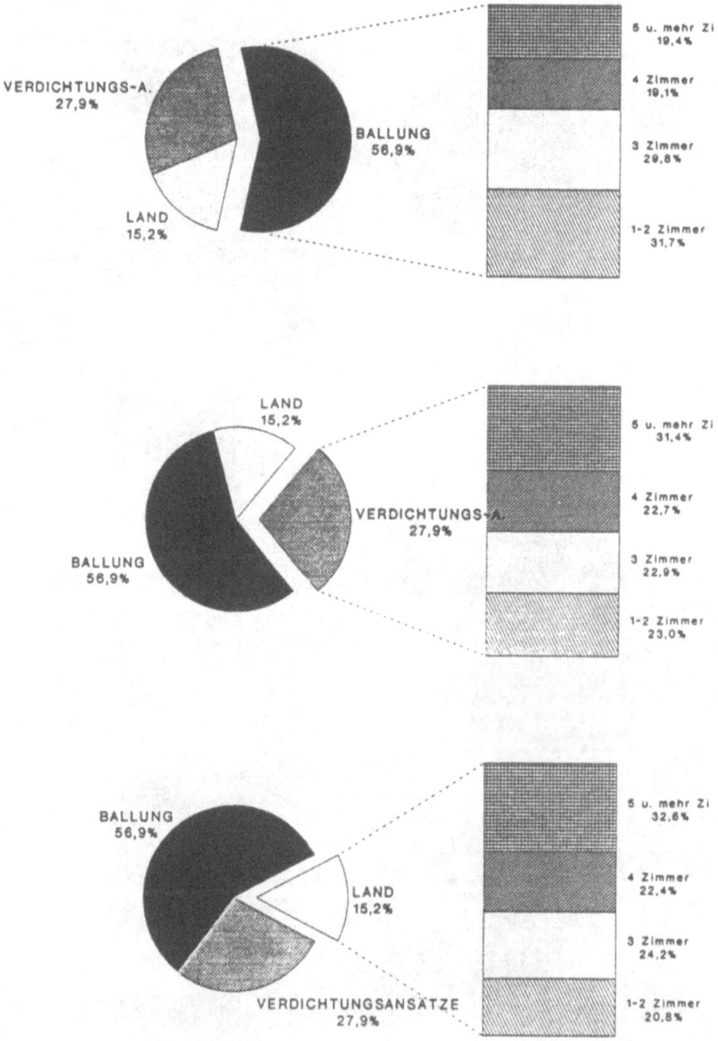

Quelle: Ifo-Wohnungsnachfragemodell 1990

(Abbildungen 2.3 und 2.4). Auf dem Land zeichnet sich inzwischen ebenfalls eine ungedeckte Nachfrage bei den Großwohnungen ab.

2.3 Wohnungsmarktentwicklung 1989/1990

Der Wohnungsbestand hat sich zwischen 1988 und 1990 zwar ausgeweitet, aber die Fertigstellungen von rund 530.000 Wohneinheiten in diesen beiden Jahren führten nach Abzug der Abgänge aus dem Bestand nur zu einem Nettozugang von 370.000 Wohneinheiten. Die Wohnungsfertigstellungen haben sich gegenüber 1988 kräftig erhöht. Sie erreichten jedoch bei weitem nicht das Niveau, das zur Deckung der Nachfrage notwendig gewesen wäre, so daß sich die bereits 1987 und 1988 festgestellten Marktungleichgewichte noch erheblich verstärkt haben dürften. Die hohe Nachfrage der letzten Jahre, die vor allem - insbesondere in den Ballungsgebieten - steigende Wohnungsmieten hervorrief, machte die Investition in den Wohnungsbau wieder interessanter. Ab 1989 wirkte die Wohnungspolitik durch ihre Fördermaßnahmen dabei unterstützend mit.

Die Mittel des Bundes und der Länder für den sozialen Wohnungsbau wurden 1990 gegenüber 1988 verdoppelt, die steuerlichen Abschreibungsfristen für neugebaute Mietwohnungen wurden verkürzt bzw. die Abschreibungssätze erhöht, um private Kapitalanleger anzureizen, im Wohnungsbau zu investieren. Diese Maßnahmen sind darauf gerichtet, das Wohnungsangebot auszuweiten und dabei auch die einkommensschwächeren Haushaltsgruppen zu berücksichtigen, wie dies die Förderung durch hohe Abschreibungssätze mit Sozialbindung bezweckt. Auch die Förderung von baulichen Veränderungen im Wohnungsbestand zielt, ebenso wie das Bauspar-Zwischenfinanzierungsprogramm darauf ab, das Wohnungsangebot möglichst schnell zu erhöhen (vgl. Kapitel 5).

Neben diesen Investitionsanreizen, die je nach Maßnahme stärker die Wohneigentumsbildung oder den Mietwohnungsbau fördern, wurde zur Milderung sozialer Härten aufgrund der angespannten Wohnungsmarktlage Mitte 1989 noch die Einführung einer 6. Wohngeldstufe beschlossen. 1990 folgte eine Wohngeldnovelle, um die Einkommens- und Mietpreisentwicklung seit 1986 zu berücksichtigen.

Diese wohnungspolitischen Maßnahmen wurden in einer Zeit vorgenommen, in der der Wohnungsmarkt der westdeutschen Bundesländer extremen zusätzlichen Einflüssen von außen ausgesetzt war. Der schon 1987/88 vorhandene Nachfrageüberhang wurde durch den weiteren Zustrom von Aus- und Übersiedlern verstärkt. In der Zeit zwischen Anfang 1989 und Ende Oktober 1990 kamen noch einmal fast 750.000 Aussiedler nach Westdeutschland. Rechnet man die Zuwanderung aus der ehemaligen DDR (1989: 343.854, bis 30.6.1990: 238.384 Personen) hinzu, so dürfte sich die westdeutsche Wohnbevölkerung bis Ende 1990 innerhalb von nur 4 Jahren um rund 2 Mill. Aus- und Übersiedler erhöht haben (vgl. Abbildung 2.5). Unterstellt man eine durchschnittliche Haushaltsgröße von drei Personen für die Zuwanderer, so sind dies ca. 660.000 zusätzliche Haushalte.

Da aufgrund der Veränderungen in Osteuropa und des weiterhin bestehenden Wohlstandsgefälles mit einem Abflachen dieser Zuwanderungswelle vorerst nicht zu rechnen ist, dürften sich die bereits vorhandenen Ungleichgewichte auf den Wohnungsmärkten noch weiter drastisch verstärken. Auf der Suche nach Arbeitsplätzen werden Aussiedler wie bisher vornehmlich in die westdeutschen Ballungsgebiete drängen. Es kann davon ausgegangen werden, daß auch der Zustrom von Menschen aus den neuen Bundesländern zumindest noch solange anhalten wird, bis eine deutlich spürbare wirtschaftliche Verbesserung in der ehemaligen DDR erreicht ist. Bis dahin werden die starken Binnenwanderungen in Deutschland die Wohnungsmarktsituation in den westdeutschen Bundesländern noch einmal verschlechtern.

Abbildung 2.5

Zuwanderungen von Aus- und Übersiedlern von 1985 bis 1990

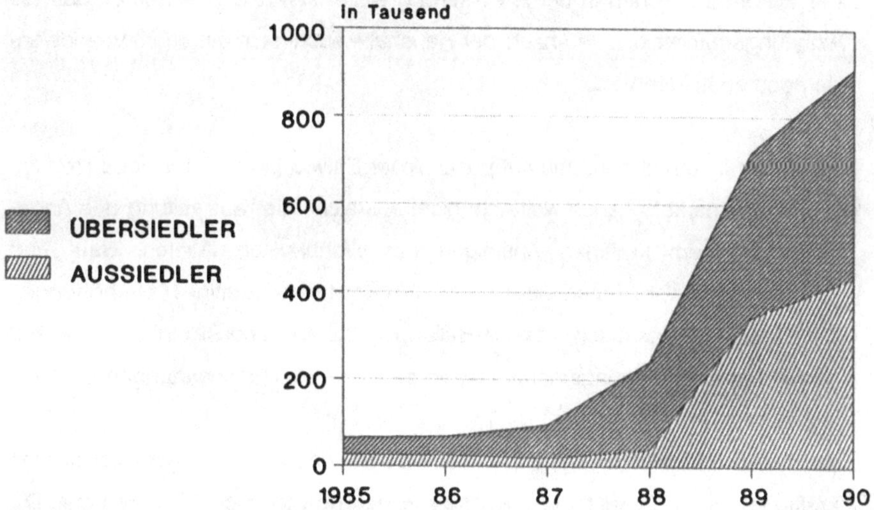

Für 1990 teilweise Schätzungen: Aussiedler ab November, Übersiedler ab Juli 1990.
Quelle: Statistisches Bundesamt, Stat. Jahrbuch 1990; Sachverständigenrat, Jahresgutachten 1990/91. Ifo-Institut 1990.

Auch für die Jahre nach 1990 ist nicht damit zu rechnen, daß die Wohnungsmärkte entlastet werden. Wenn man den Bevölkerungsszenarien des DIW Deutschen Instituts für Wirtschaftsforschung [1] zustimmt, ist davon auszugehen, daß bis zum Jahresende 2000 zwischen 1,3 und 1,6 Mill. Aussiedler ins alte Bundesgebiet gezogen sein werden, so daß dort die Einwohnerzahl im Jahre 2000 bei rund 66 Mill. liegen dürfte. Erst danach ist mit einem Rückgang der Bevölkerung zu rechnen. Dabei kann davon ausgegangen werden, daß die Tendenz zur Bildung kleinerer Haushalte anhalten wird, nicht zuletzt deswegen, weil der Anteil der älteren Menschen in der Bevölkerung weiter steigt. Das bedeutet, daß die wohnungsmarktrelevante Anzahl der Haushalte auch nach der Jahrtausendwende noch ansteigen wird.

Es ist damit zu rechnen, daß aufgrund dieser Entwicklung die Diskrepanzen am Wohnungsmarkt bei auch weiterhin nicht ausreichender Ausweitung des Angebots zu einem kräftigen Ansteigen der Wohnkosten (Mieten, Bau- und Grundstückspreise) führen. Bereits 1989/90 waren 30-prozentige Mieterhöhungen bei neuen Vertragsabschlüssen in Ballungsgebieten keine Seltenheit mehr. Für Investoren am Wohnungsmarkt steigen damit die Renditeerwartungen.

Mit der erhöhten Nachfrage zogen auch die Preise für Wohnungsbauleistungen kräftig an. Für 1990 wird mit einer Preissteigerung von über 7 % gerechnet. Die Hypothekenzinsen dürften 1990 ebenfalls auf einem hohen Niveau (rund 10 % effektiv) liegen. Aufgrund des für die kommenden Jahre zu erwartenden hohen Kapitalbedarfs für Investitionen in den neuen Bundesländern ist vorerst mit einem merkbaren Rückgang der Zinsen nicht zu rechnen. Steigende Baukosten und ein hohes Zinsniveau dämpfen die aus der Mietpreisentwicklung resultierenden In-

---

[1] Szenarien der Bevölkerungsentwicklung in der Bundesrepublik Deutschland, in: Wochenbericht des DIW, 8/1990, S.93 ff., sowie Szenarien der Bevölkerungsentwicklung in der DDR, in: Wochenbericht des DIW, 42/1990, S. 591 ff.

vestitionsanreize und lassen die wohnungspolitischen Fördermaßnahmen in nur geringerem Ausmaß wirken.

Nach neuesten Schätzungen stieg das verfügbare Einkommen aller privaten Haushalte von 1989 auf 1990 um nominal 8,1 %. Selbst wenn man die allgemeine Preissteigerung berücksichtigt, bleibt immer noch ein extrem hoher Zuwachs von real über 5 %. Es sollte aber beachtet werden, daß es sich hier um Durchschnittszahlen handelt. Die verschiedenen Haushaltsgruppen sind von dieser Einkommenssteigerung in unterschiedlichem Maße betroffen.

Die Bevölkerungsgruppen, die an der positiven Einkommensentwicklung nicht teilhaben können, müssen ihre Wohnungsnachfrage noch weiter einschränken als bisher. Als Folge der hohen Bevölkerungszuwanderungen dürfte die Anzahl der Hauhalte mit geringem Einkommen in den nächsten Jahren noch erheblich steigen. Dies geschieht vor dem Hintergrund einer Arbeitslosenquote, die auch 1990 in den westdeutschen Bundesländern nicht unter 6 % gesunken ist. Die Nachfrage nach preiswerten Wohnungen dürfte daher kaum zurückgehen. Die Umwandlungen von Miet- in Eigentümerwohnungen, die Sanierungs- bzw. Modernisierungsmaßnahmen im Wohnungsbestand und das beschleunigte Auslaufen von Bindungen sozialer Mietwohnungen verschärfen die Situation noch.

Auch unter Berücksichtigung der Nettozugänge an Wohnungen seit 1987 läßt sich feststellen, daß das derzeitige Wohnungsangebot weder nach der Anzahl, noch nach seiner Struktur der Wohnungsnachfrage gerecht wird.

3. Effizienz nachfragewirksamer Instrumente

Wenn der Verdacht einer relativen Ineffizienz wohnungspolitischer Maßnahmen sich daraus begründet, daß offensichtlich wohnungspolitische Ziele trotz eines hohen Einsatzes staatlicher Mittel nicht erreicht werden bzw. sogar der Abstand zwischen Zielsetzung und tatsächlicher Wohnungsversorgung wächst, dann bietet es sich an, - neben einer Analyse der Wohnungsmarktprobleme und ihrer Ursachen - die Wirksamkeit politischer Instrumente im einzelnen zu untersuchen.

3.1 Theoretische Zusammenhänge und Vorgehensweise

Wegen der eingangs angesprochenen Komplexität der Wohnungsmärkte und der auf sie einwirkenden Faktoren ist eine solche Wirksamkeitsanalyse kein ganz einfaches Unterfangen. Grobe Überschlagsrechnungen reichen nicht aus, Argumentationen entbehren der Beweisfähigkeit. Und selbst eine Beobachtung der Marktveränderungen nach Einsatz eines Instruments (vergleichbar zu einem naturwissenschaftlichen Test) ruft nur konträre Interpretationen hervor, weil die Vielzahl von Einflußfaktoren auf Wohnungsmärkte nicht ceteris paribus gehalten werden kann.

Eine Evaluierung wohnungspolitischer Instrumente sollte also, um den Ansprüchen an ihre zuverlässige Aussagekraft zu genügen, einige wichtige Voraussetzungen erfüllen:

- Wohnungspolitische Ziele müssen als Maßstab für die Wirkungsstärke der Instrumente konkretisiert und operationalisiert werden.
- Die Wirkungen einzelner Instrumente, d.h. ihr Zielerreichungsvermögen, sollten quantifiziert werden.
- Zur Quantifizierung ist ein Modell heranzuziehen, das die Komplexität der Wohnungsmärkte realitätsnah abzubilden in der Lage ist und dadurch eine Isolierung der Wirkung der verschiedenen Einflußfaktoren erlaubt.

- Um die Wirkungsstärke einzelner Instrumente, gemessen am Zielerreichungsgrad, vergleichen zu können, müssen die zugrundeliegenden finanziellen staatlichen Aufwendungen für den Instrumenteneinsatz normiert werden.

Einer Effizienzanalyse, die diesen Ansprüchen genügt, muß zugestanden werden, daß ihre Ergebnisse, quantifiziert und empirisch abgestützt, eine relativ zuverlässige Grundlage für politische Entscheidungen sein können.

Für eine Effizienzanalyse wohnungspolitischer Maßnahmen müßte eigentlich ein sehr fein differenziertes Wohnungsmarktmodell herangezogen werden, das es u.a. erlaubt, durch bestimmte Maßnahmen in Gang gesetzte Marktprozesse zu verfolgen, d.h. Wirkungen auf Angebots- und Nachfrageseite in ihrer Interdependenz zu betrachten. Ein solches empirisch abgestütztes, ökonometrisch entwickeltes Marktmodell existiert in der Fachforschungslandschaft der Bundesrepublik Deutschland bis heute nicht und konnte im Rahmen des hiermit abgeschlossenen Auftrags auch nicht entwickelt werden. Im Ifo-Institut wurde jedoch in der zweiten Hälfte der achtziger Jahre ein Wohnungsnachfragemodell erarbeitet, das für Simulationen politischer Maßnahmen, die auf die Nachfrageseite zielen, geeignet ist (vgl. Abschnitt 3.1.3).

Für die Angebotsseite der Wohnungsmärkte stehen vergleichsweise adäquate Methoden nicht zur Verfügung. In der Bundesrepublik existieren empirisch zuverlässig ermittelte Investitionsfunktionen weder für den Neubau noch für die Modernisierung von Wohngebäuden bzw. Wohnungen. Preisbildungsverhalten und andere markt-relevante Verhaltensweisen der Vermieter sind nicht systematisch und repräsentativ erfaßt und deshalb nicht quantifizierbar. Eine quantitativ belegte Effizienzprüfung muß sich in diesem Gutachten also auf die Wohnungsnachfrageseite beschränken.

3.1.1 Wohnungspolitische Ziele (Effizienzkriterien)

Die Effizienz wohnungspolitischer Instrumente wird gemessen am Grad der Erreichung wohnungspolitischer Ziele. Die Ziele selbst stehen nicht zur Diskussion. Unter der Überschrift "Wohnungsbauförderung als öffentliche Aufgabe" sind die Grundsätze staatlicher Wohnungspolitik, die wohnungspolitischen Ziele, im Teil I, § 1 des II. Wohnungsbaugesetzes festgeschrieben. In Einzelgesetzgebungswerken, z.B. Miethöhegesetz, wird, wenn auch nicht immer ausdrücklich, auf diese wohnungspolitischen Ziele Bezug genommen. Die im II. Wohnungsbaugesetz von 1985 aufgezählten Ziele betreffen:

- die Beseitigung des Wohnungsmangels und
- die Schaffung von Wohneigentum für weite Kreise der Bevölkerung; darüber hinaus
- die Ermöglichung einer ausreichenden Wohnungsversorgung aller Bevölkerungsschichten, insbesondere
  -- solcher, die dazu selbst nicht in der Lage sind,
  -- und kinderreicher Familien.

Versucht man, diese etwas vage formulierten Ziele zu konkretisieren, so lassen sich aus vielerlei Hinweisen aus Politik und Wissenschaft folgende präzisierte, sogar quantifizierbare Ziele bzw. Normen bestimmen, aus denen die für dieses Gutachten benötigten Effizienzkriterien direkt ableitbar sind:

- "Beseitigung des Wohnungsmangels" bedeutet nach den sog. Kölner Empfehlungen: Jeder Privathaushalt muß eine Wohnung zur Verfügung haben.
- "Schaffung von Wohneigentum" zielt auf eine Erhöhung der Eigentümerquote (selbstnutzende Wohneigentümer) auf 50 % aller Haushalte, um die Situation an den westeuropäischen Durchschnitt anzunähern.

- Eine "ausreichende Wohnungsversorgung" wird üblicherweise unter Bedarfsgesichtspunkten interpretiert: Für jede Person im Haushalt sollte die Wohnung ein Zimmer aufweisen.
- Dabei soll sich der Staat insbesondere um die Wohnungsversorgung derer kümmern, die wegen zu geringen Einkommens und/oder anderer Merkmale, vor allem Kinderreichtum, am Wohnungsmarkt weitgehend chancenlos sind.

Für die Effizienzprüfung wohnungspolitischer Instrumente auf der Wohnungsnachfrageseite lassen sich daraus zwei gut meßbare Kriterien ableiten:

(1) die relative Erhöhung der Eigentümerquote und
(2) die Verbesserung der Versorgung der Haushalte mit einer Wohnung adäquater Größe.

Die beiden Kriterien beziehen sich zunächst auf die durchschnittliche Wohnungsversorgung in der gesamten Bundesrepublik - "breite Schichten" bzw. "weite Kreise" der Bevölkerung. Für das laufende Gutachten lassen sie sich folgendermaßen quantifizieren:

(1) Eigentümerquote: Veränderung der Eigentümerquote als Folge eines Instrumenteneinsatzes gegenüber der sich ohne dieses Instrument einstellenden Quote (Standard-Nachfrage, vgl. Abschnitt 3.1.3).
(2) Unterversorgungsquote: Veränderung des Anteils der unterversorgten Haushalte (Anzahl Personen im Haushalt größer als Anzahl der Zimmer) durch Einsatz einer wohnungspolitischen Maßnahme gegenüber der Standard-Nachfrage.

Der Staat hat beide Ziele gleichrangig - durch "und" verbunden - nebeneinander gesetzt, d. h. keine Rangfolge zwischen den Zielen bestimmt. Es liegt aber durchaus im Bereich des Möglichen bzw. ist bei bestimmten Wohnungsmarktsituationen mit Sicherheit zu erwarten, daß die Erreichung der Ziele eher alternativ angestrebt werden kann. Aller Erfahrung nach muß eine Erhöhung der Eigentümerquote nicht unbedingt zum Abbau der Unterversorgung der Gesamtbevölkerung mit Wohnraum führen.

Im Rahmen der Effizienzprüfungen kann es also vorkommen, daß eine Maßnahme zur Erreichung eines Zieles beiträgt, das andere aber unberührt läßt, wenn nicht sogar von der Zielerreichung weiter wegführt. In solchen Fällen kann mit wissenschaftlichen Methoden kein abschließendes Urteil über die Effizienz der betrachteten Maßnahme gefällt werden, wenn nicht in eine Zieldiskussion eingetreten werden soll. Um derartigen Konflikten aus dem Weg zu gehen, wurde in Abstimmung mit dem Auftraggeber beschlossen, die Beurteilung der relativen Effizienz in erster Linie an dem wohnungspolitischen Ziel einer Erhöhung der Eigentümerquote auszurichten.

Die Wirkung bestimmter wohnungspolitischer Maßnahmen in Richtung auf eine Beseitigung von Wohnungsmangel, die ja heute wieder primäres politisches Ziel ist, läßt sich über die Verwendung des Ifo-Wohnungsnachfragemodells nur bedingt überprüfen, denn diesbezüglich relevante Instrumente zielen vorrangig auf das Mietwohnungsangebot. Im Gegenteil setzt die Simulation der Wohnungsnachfrage voraus, daß ein der Nachfrage entsprechendes Mietwohnungsangebot[1] vorhanden ist. Über eine Bilanzierung der simulierten Wohnungsnachfrage mit dem tatsächlich vorhandenen Angebot lassen sich allenfalls die Angebotsengpässe bestimmen (vgl. Kapitel 2.), die möglicherweise (vorübergehend) die Effektivität der untersuchten Instrumente zusätzlich behindern. Jedoch ist davon auszugehen, daß kaufkräftige Mietwohnungsnachfrage, wenn auch nicht kurzfristig, über Wohnungsmarktsignale und -prozesse ein entsprechendes An-

[1] Dieses wiederum kann hier nur mittelbar über eine Zunahme der Nachfrage nach Eigentümerwohnungen erhöht werden (wenn bisher zur Miete wohnende Haushalte die Wohnung freimachen); vgl. Kapitel 5.

gebot hervorruft, wenn die Gebotspreise nur genügend hoch sind. Für den Eigentümermarkt gilt diese Annahme sogar im kurzfristigen Bereich. Dazu kommt noch, daß sich Eigentümer, die ja zu einem hohen Anteil Nachfrager und Anbieter in einer Person sind, ihr Wohneigentum auch selbst erstellen.

Nach einer globalen Überprüfung der Wirkung auf Eigentümer- und Unterversorgungsquote soll die Effizienzanalyse auf einzelne Regionstypen und ausgewählte Haushaltsgruppen ausgedehnt werden, denn die wohnungspolitischen Maßnahmen wirken regional und sozial differenziert.

Vor allem ist daran zu denken, die Wirkung auf die Wohnungsversorgung

- der unteren Einkommensschichten

  und

- der kinderreichen Haushalte

quasi als ergänzende Effizienzkriterien in die Betrachtung miteinzubeziehen. Beide Haushaltsgruppen sind im II. Wohnungsbaugesetz explizit genannt.

Der Gesetzgeber hat offensichtlich gesehen, daß die genannten Bevölkerungsgruppen in einem relativ freien Markt bei auftretenden Spannungssituationen den vergleichsweise schlechtesten Stand aller nachfragenden Haushalte haben. Die staatliche Sozialverpflichtung ist deshalb ausdrücklich auf arme und/ oder kinderreiche Bevölkerungsteile bezogen. Die Treffsicherheit politischer Instrumente im Hinblick auf diese Zielgruppen wird deshalb ergänzend in die Analyse einbezogen.

3.1.2 Wohnungspolitische Maßnahmen

Das freie Spiel der Marktkräfte im Wohnungsmarkt führt nicht immer zu Ergebnissen, die politisch erwünscht sind. Die im Grundgesetz niedergelegte Sozialverpflichtung des Staates zwingt diesen deshalb immer wieder dazu, durch Eingriffe die Marktergebnisse zu beeinflussen. Darüber hinaus setzt sich die Gesellschaft der Bundesrepublik Deutschland auch in anderen politischen Bereichen Ziele, die den Wohnungsmarkt tangieren (z.B. Förderung der Vermögensbildung). Und wie für alle Produktmärkte setzt der Staat auch dem Wohnungsmarkt ordnungspolitische Rahmenbedingungen, die Willkür verhindern, Rechte schützen sollen und die Vertragsfreiheit unter diesen Gesichtspunkten einschränken.

Wohnungspolitische Maßnahmen lassen sich unter diesen Gesichtspunkten für die Zwecke des Gutachtens folgendermaßen systematisieren (vgl. auch das folgende Schema): Wohnungspolitik betrifft - in einer 1. Gliederungsstufe - entweder den Ordnungsrahmen für die Wohnungsmärkte, wie beispielsweise Baugenehmigungs- und Baurecht, Kündigungsschutz, oder sie greift mit finanziellen Leistungen oder Leistungsverzichten in die Märkte ein. Über diese 1. Gliederungsstufe hinaus lassen sich finanzielle Maßnahmen unterscheiden in solche mit objekt- oder subjektbezogenen Ansatzpunkten:

- Objektbezogene finanzielle Anreize sind "allgemein" in dem Sinne, daß sie, da an ein Kauf- oder Mietobjekt gebunden, jedem Interessenten gleichermaßen zustehen beispielsweise Grundsteuerermäßigung, Modernisierungsförderung, Bausparförderung, Sozialmieten. Letztere sowie auch die Bausparförderung enthalten jedoch daneben einen Subjektbezug dadurch, daß die Förderung an Einkommensobergrenzen der Wohnungsnutzer gekoppelt ist; umgekehrt weist das subjektbezogene Wohngeld objektbezogene Elemente auf.

Kategorien wohnungsnachfrageorientierter politischer Maßnahmen

Finanzielle Maßnahmen

Ansatzpunkte

Objekt

Grunderwerbsteuer
Modernisierungsförderung
Bausparzwischenfinanzierung
Grundsteuer

Subjekt

degressive Afa
Schuldzinsenabzug
Abzug von der Steuerschuld
Baukindergeld

Objekt/Subjekt

Sozialmieten
Wohngeld
Lastenzuschuß
Aufwendungszuschuß
öffentliche Darlehen

ordnungspolitischer Rahmen

Miethöhegesetz
Kündigungsschutzgesetz
Baurecht
Baugenehmigungsrecht

- Finanzielle Anreize, die ihren Ansatzpunkt im Subjekt haben, stehen dagegen nicht jedermann offen, sondern sind an spezielle Merkmale privater Haushalte gebunden bzw. nach diesen Merkmalen unterschiedlich gestaltet. Je nach geförderter Gruppe ist beispielsweise die Wirkung auf die Kostendeterminante der Wohnungsnachfrage unterschiedlich. Zu dieser Kategorie von Wohnungsmarktförderung gehören alle Formen steuerlicher Förderung im Rahmen der Einkommensteuergesetze.

Die Einordnung bestimmter Instrumente in eine dieser Kategorien ist bei der Komplexität deutscher Wohnungspolitik nicht immer ein deutig. Für die Zwecke dieser Untersuchung jedoch kann die vorgenommene Kategorisierung, wenn auch auf theoretisch-analytischer Ebene, hilfreich sein.

Eine mögliche andere Systematisierung, beispielsweise in einer Gliederung nach Nachfrage und Angebot oder nach Eigentümer und Mieter, erscheint für dieses Gutachten weniger sinnvoll. Die Nachfrage-Angebots-Differenzierung ist wegen der methodischen Beschränkung auf nachfrageorientierte Instrumente irrelevant; außerdem lassen sich selbstnutzende Eigentümer gleichzeitig der Angebots- wie auch der Nachfrageseite zuordnen und durchbrechen damit eine derartige Systematik. Eine Aufgliederung in Eigentümer und Mieter wiederum würde die Fragestellung des Gutachtens unnötig komplizieren, denn erstens sollen beide Teilmärkte untersucht werden, und zweitens wird sogar ein Schwerpunkt der Untersuchung auf deren Interdependenz liegen, nämlich in der Frage des Übergangs vom Miet- in den Eigentümerwohnungsmarkt. Im Rahmen des abgebildeten Schemas wohnungspolitischer Maßnahmen werden sich die Effizienzprüfungen auf die finanziellen Maßnahmen beschränken, da nur über deren Wirksamkeit unter Verwendung des Ifo-Modells quantitativ begründete Aussagen getroffen werden können.

Für das vorliegende Gutachten war eine Auswahl der zu analysierenden Maßnahmen zu treffen. Unter anderem wurden bei dieser Auswahl nicht nur gültige und schon einmal praktizierte, sondern auch denkbare bzw. diskutierte Maßnahmen in die Überlegungen miteinbezogen.

Die nachfrageorientierten wohnungspolitischen Instrumente sind fast ausschließlich auf die Förderung des Wohneigentums gerichtet. Diesen Maßnahmen kommt daher in der vergleichenden Effizienzanalyse das Hauptgewicht zu.

Die Instrumente zur Förderung des Wohneigentums für Selbstnutzer wirken im wesentlichen auf die Belastung der Haushalte aus Eigentumserwerb ein, d.h.sie greifen bei den Erwerbskosten und/oder den Finanzierungskosten und/oder dem Einkommen. Das bedeutet, daß die Wirkungsrichtung aller dieser Instrumente zwei der wichtigsten Nachfragedeterminanten berührt, nämlich die monetären Größen:

- Haushaltseinkommen,
- monatliche Belastung aus Eigentumserwerb.

(Andere Instrumente, die beispielsweise den Ordnungsrahmen betreffen wie Baugenehmigungs- oder Baurecht, haben aller Erfahrung nach nur dann eine meßbare Nachfragerelevanz, wenn sie in irgendeiner Form die Erwerbskosten beeinflussen. Die Umsetzung ordnungspolitischer Maßnahmen in monetäre Größen läßt sich jedoch, empirisch abgestützt, mangels Daten nicht vornehmen.)

Haben Maßnahmen einen objektbezogenen Ansatzpunkt, so wirken sie relativ gleichmäßig über alle möglichen Erwerbsfälle kostensenkend. Insofern bietet es sich an, nicht alle einzelnen politischen Maßnahmen dieser Art bezüglich ihrer Effizienz zu überprüfen, sondern eine Effizienzanalyse auf einige ausgewählte zu konzentrieren. Weitere analog wirkende Maßnahmen können in der Wirkungsweise und in der Wirkungsstärke zugeordnet werden. Maßnahmen jedoch, die an subjektiven Merkmalen ansetzen (subjektbezogene), betreffen jeweils unterschiedliche Bevölkerungsgruppen in unterschiedlichem Maße. Ihre Auswirkungen lassen sich nicht durch Analogie bestimmen, sie müssen im einzelnen auf ihre Effizienz überprüft werden.

Nach diesen ausführlichen Vorüberlegungen wurden in enger Absprache mit dem Auftraggeber folgende wohnungspolitische Instrumente für eine Effizienzanalyse vorgesehen:

(1) Mieterwohngeld
(2) Eigentümer"wohngeld" (Lastenzuschuß)
(3) Aufwendungszuschuß für Eigentümer (1. Förderweg)
(4) Degressive Abschreibung nach § 10 e EStG
(5) Abzug der Schuldzinsen von der Steuerschuld
(6) Abzug der Schuldzinsen vom zu versteuernden Einkommen
(7) Baukindergeld
(8) Bausparförderung
(9) Grunderwerbsteuer.

Bei diesen in ihrer Wirkung zu analysierenden Instrumenten handelt es sich jeweils um staatliche Eingriffe in den Wohnungsmarkt, die entweder direkt staatliche Ausgaben verursachen oder aber zu staatlichen Mindereinnahmen aus verschiedenen Steuern führen. In allen Fällen sind diese Aufwendungen als Subventionen im weitesten Sinne zu bezeichnen.

3.1.3 Verwendung des Wohnungsnachfragemodells

Zur Überprüfung der Wirkung verschiedener Fördermaßnahmen wird das Wohnungsnachfragemodell des Ifo-Instituts herangezogen, das, als ein Mikromodell konzipiert, das Auswahlverhalten der Wohnungsnachfrager in Abhängigkeit von ihrer individuellen demographischen und wirtschaftlichen Situation, den Marktbedingungen und staatlichen Eingriffen abzubilden vermag. Die Grundannahmen des Modells, seine wesentliche Struktur und seine Aussagen sollen hier kurz skizziert werden.

3.1.3.1 Grundzüge des Modells

Gemäß der ökonomischen Theorie läßt sich die Wohnungsnachfrage als (Konsum-)Nachfrage nach der Nutzung des langlebigen Investitionsgutes Wohnung ansehen. Die Wohnungsnutzung besteht danach in der Inanspruchnahme einer Leistungsabgabe je Konsumperiode, was die fortlaufende Nutzung einer bereits bewohnten Wohnung einschließt. Art und Ausmaß der nachgefragten Wohnungsnutzung unterscheiden sich von Haushalt zu Haushalt und sind eng korreliert mit den jeweiligen Bedürfnissen und der ökonomischen Stärke.

Diese plausible Hypothese kann durch die Daten der Wohnungsstichprobe von 1978 untermauert werden. Dazu wurde ein für alle Haushalte gültiger Wirkungszusammenhang zwischen der sozioökonomischen Situation eines Haushalts (z.B. Größe, Einkommen) und den Merkmalen seiner nachgefragten Wohnung (z.B. Größe, Rechtsform) postuliert. Auf der Basis entsprechend spezifizierter Erklärungszusammenhänge ließen sich mit Hilfe von ökonometrischen Methoden Nachfragefunktionen quantifizieren, die das beobachtete Verhalten der Haushalte sehr gut erklären.

In diesem vom Ifo-Institut entwickelten ökonometrischen Modell konkretisiert sich die Wohnungsnachfrage in einem Prozeß der Entscheidung (Auswahl) zwischen diskreten Alternativen unterschiedlicher Wohnungstyen (gebildet z. B. nach Rechtsform, Zimmerzahl). Nach den gängigen Vorstellungen zu einem Auswahlverhalten entscheiden sich die Haushalte unter einer Vielzahl konkreter Angebote für die Wohnung, die ihnen den höchsten Nutzen bringt. Demnach werden zur Quantifizierung der Nachfragefunktionen, also des Zusammenhangs zwischen der Entscheidung und den Charakteristika von Wohnung und Haushalt, Schätzverfahren herangezogen, die diskrete Zielgrößen erlauben (discrete choice-Ansatz).

Die Modellspezifikation erfolgte unter dem Ziel, insbesondere den Einfluß der ökonomischen und demographischen Merkmale der Haushalte auf die Auswahlentscheidung zu eruieren und zu quantifizieren. Aus diesem Grund wurden einerseits die Wohnungsteilmärkte ausgegrenzt, auf denen die Belegung der Wohnungen nicht über einen Marktmechanismus erfolgt, wie soziale Mietwohnungen, Werks-, Dienst- und Stiftswohnungen sowie landwirtschaftliche Wohnungen.

Und andererseits wurden mittels des Instruments der Stratifizierung wichtige Einflußgrößen auf die Wohnungsnachfrage in ihrer Bedeutung verstärkt. Es erfolgte grundsätzlich eine Gliederung nach sechs Regionstypen, und zwar in die siedlungsstrukturellen Kreistypen:[1]

- Regionen mit großen Verdichtungsräumen
  1) Kernstädte
  2) Hochverdichtetes Umland
  3) Sonstiges Umland

---

[1] Vgl. Bundesforschungsanstalt für Landeskunde und Raumordnung, Regionalstatistische Informationen aus der laufenden Raumbeobachtung, in: Informationen zur Raumentwicklung, Heft 11/12, 1982.

- Regionen mit Verdichtungsansätzen
  4) Kernstädte
  5) Umland
- 6) Ländlich geprägte Regionen,

und nach fünf Haushaltsspezifika:

- deutsche und ausländische Nicht-"Gastarbeiter"-Haushalte mit
  1) einem männlichen Erwachsenen,
  2) einem weiblichen Erwachsenen,
  3) zwei Erwachsenen,
  4) drei und mehr Erwachsenen,
- 5) Gastarbeiter-Haushalte mit zwei und mehr Erwachsenen.

Aus statistischen Gründen konnten nicht alle Kombinationen der beiden Gliederungsmerkmale als eigenständige Modellteile realisiert werden. Lediglich für 20 Strata wurden alle Modellrechnungen getrennt vorgenommen.

3.1.3.2 Abbildung des Entscheidungsprozesses

Das Modell besteht - zur Erfassung des Übergangs von einer Wohnung in eine andere - aus einem Aufbruch- und einem Zielmodell. Im Aufbruchmodell wird die Wahrscheinlichkeit, mit der ein Haushalt aus seiner Wohnung auszieht, abgebildet; das Zielmodell (Einzugsmodell) beschreibt die Auswahl einer neuen Wohnung.

Zielmodell

Die im Modell unterschiedenen relevanten Wohnungsalternativen werden aus einer Kombination der bei den Haushalten zur Entscheidung anstehenden Merkmale Rechtsform, Wohnungsgröße und Gebäudegröße zusammengestellt. Es handelt sich dabei um zehn möglichst stark voneinander differierende Wohnungstypen:

1) Eigentum, Einfamilienhaus, 1-4 Zimmer
2) Eigentum, Zweifamilienhaus, 1-3 Zimmer
3) Eigentum, Eigentumswohnung, 1-3 Zimmer
4) Miete, 1-2 Zimmer
5) Miete, 3 Zimmer
6) Eigentum, Einfamilienhaus, 5+Zimmer
7) Eigentum, Zweifamilienhaus, 4+Zimmer
8) Eigentum, Eigentumswohnung, 4+Zimmer
9) Miete, 4 Zimmer
10) Miete, 5+Zimmer.

Die Auswahlwahrscheinlichkeit der zehn Alternativen ist die Zielgröße der Nachfragefunktion.

Einflußgrößen

Die Einflußgrößen der Nachfragefunktion sind Wohnungs- und Haushaltsmerkmale. Im Vordergrund steht der Preis der Wohnungsnutzung.

Das monetäre Äquivalent für die Nutzung einer Mietwohnung ist die zu zahlende Miete abzüglich Wohngeld. Um die Wahl der Nachfrager zwischen verschiedenen Mietwohnungsalternativen einigermaßen korrekt abbilden zu können, wird der empirisch erhobene Mietpreis um alle eher zufälligen, nicht aus den Merkmalen der Wohnung und ihrer Lage zu erklärenden Bestandteile bereinigt. Diese Standardisierung geschieht mit Hilfe der Approximation von "hedonischen" Funktionen[1].

Das Mietäquivalent für die Nutzung von Wohneigentum ist eine Konstruktion aus: Kaufpreis einschließlich Grunderwerbsteuer, eingebrachtem Eigenkapital, Zinshöhe, Tilgungshöhe, aus denen der Fremdkapitaldienst bestimmt wird, und Betriebskosten. Zusätzlich werden die verschiedenen staatlichen Förderungsmaßnahmen je nach Berechtigung der einzelnen Haushalte in der jeweils gültigen Form in den monatlichen Nutzungskosten des Wohneigentums kostensenkend berücksichtigt: Steuerersparnis, Lastenzuschuß, Baukindergeld usw. Insbesondere die Steuerersparnis nach § 7 b, 7 (4), 7 (5) bzw. § 10 e EStG ist akribisch über - auf den individuellen Fall bezogene - steuerliche Regelungen abgebildet.

Die Heizkosten variieren sehr eng mit der Größe der Wohnung und Art und Alter des Gebäudes. Diese Flexibilität gepaart mit einem großen Gewicht macht die Heizkosten zu einer trennscharfen Einflußgröße.

Zur Berücksichtigung der Haushaltsgröße wird eine zusammengesetzte Variable herangezogen, die die Zahl der tatsächlich verfügbaren Zimmer - bzw. die in den Alternativen verfügbaren Zimmer - einer an der Haushaltsgröße gemessenen "idealen Wohnungsgröße" gegenüberstellt. Die Differenz zwischen diesen Größen mißt die Abweichung der Nachfrage des Haushalts von einem ihm unterstellten individuellen Bedarf. Da das in der relativen Größe der Wohnung zum Ausdruck kommende Anspruchsniveau ("Idealwohnung") mit dem Einkommen des Haushalts variiert, wird die Idealzahl der Zimmer um einen einkommensabhängigen Zuschlag erhöht.

---

1 Zu Definition und Verwendung der hedonischen Mieten vgl. u.a. Goodman A.C., M. Kawai, Permanent Income, Hedonic Prices and the Demand for Housing, Journal of Urban Ecomomics, Vol. 12, 1982. Ergebnisse der Berechnung der hedonischen Mieten im Rahmen der Wohnungsnachfrageprognose sind u.a. dargestellt in: Behring, K., Miethöhe: Bonus für Seßhaftigkeit, in: Ifo-Schnelldienst, 11/1988.

Die Kinderzahl als solche wirkt zusätzlich zur Haushaltsgröße auf die Auswahl einer geeigneten Wohnung ein. Sie erweist sich als gewichtiger Einflußfaktor, insbesondere zur Unterscheidung zwischen Familienheim und Etagenwohnung.

Das Alter des Haushaltsvorstands wird als kontinuierliche Variable verwendet. Da aber zu vermuten ist, daß zwischen Alter und Wohnungswahl kein linearer Zusammenhang besteht, wird zum Alter noch dessen jeweiliges Quadrat als eine zusätzliche Variable einbezogen. Diese Variablenkombination erlaubt eine flexiblere Anpassung der geschätzten an die beobachteten Werte.

Es wird davon ausgegangen, daß die Auswahlentscheidung der Haushalte nicht vom laufenden, sondern von ihrem normalen oder "permanenten" Einkommen bestimmt wird. Das permanente Einkommen ist um transitorische, d. h. vorübergehende, Bestandteile bereinigt und hängt seinerseits vom Humankapital und dem sonstigen Vermögen der Haushaltsmitglieder sowie vom Ausmaß ihrer Erwerbstätigkeit ab. Die Verwendung des permanenten Einkommens bietet sich insbesondere zur Erklärung des Erwerbs teurer Gebrauchsgüter wie Autos und Wohneigentum an. Zudem spricht die extrem niedrige Mobilität deutscher Haushalte dafür, daß in der Bundesrepublik auch die Mietentscheidung einer "Investitionsentscheidung" ähnelt und somit die Verwendung des permanenten Einkommens[1] als Einflußgröße auf die Wohnungsnachfrage gerechtfertigt ist.

Aufbruchmodell

Das Schätzmodell für die Aufbruchentscheidung ist eine einfache Variante des Modells der Zielentscheidung. Es reduziert sich auf nur zwei Alternativen, nämlich umzuziehen oder in der bisherigen Wohnung zu bleiben.

---

1 Näheres und weitere Details, vgl. Schneider, G., K. Stahl, R. Struyk, Estimates of Households' Permanent Income: West Germany 1978, Urban Institute, Washington 1983, und die dort auffindbaren weiteren Literaturhinweise.

Die den Aufbruch beeinflussenden Variablen sind prinzipiell die gleichen, die die Auswahl einer Wohnung determinieren. Lediglich die Konstellation dieser Einflußgrößen soll beim Auszügler eine Unzufriedenheit mit der bisherigen Wohnung signalisieren, während sie beim Einzügler eine optimale Situation in der neuen Wohnung erkennen lassen muß.

Von den möglichen bzw. a priori plausibel erscheinenden Einflußgrößen erweisen sich der Platz(Raum)bedarf des Haushalts, das Alter des Haushaltsvorstands und ein Indikator für die Belastung des Budgets durch die Wohnung, die die Wohnkosten mit dem Einkommen des Haushalts verbindet, als statistisch relevant.

3.1.3.3 Einflußstärke der einzelnen Wohnungsnachfragedeterminanten

Die Parameter der Nachfragefunktionen geben Auskunft über Gewicht und Wirkungsrichtung der einzelnen Einflußfaktoren auf die Entscheidung für einen Aufbruch aus der bisher bewohnten Wohnung einerseits und auf die Einzugsentscheidung andererseits.

Die Beurteilung der Wirkungsrichtung wird allerdings - wegen der verwendeten Modellansätze - dadurch erschwert, daß sich die Auswahlwahrscheinlichkeiten immer zu eins ergänzen. Damit hat die Veränderung einer Variablen auf die zur Auswahl stehenden Wohnungsalternativen immer eine mehrfache Wirkung: Sie erhöht die Vorliebe für bestimmte Wohnungsarten und senkt sie für andere. Diese Zusammenhänge sind je nach betrachtetem Haushalts- und Regionsstratum für jeden einzelnen Einflußfaktor sehr unterschiedlich. Steigende Wohnkosten bewirken allerdings in jedem Fall tendenziell eine relative Bevorzugung der kleineren Wohnungen.

Im Durchschnitt aller Modellhaushalte hat das Alter des Haushaltsvorstands mit Abstand den höchsten Einfluß auf die Auswahl einer neu zu beziehenden Wohnung (bei der Entscheidung für oder gegen den Auszug aus einer Wohnung ist ebenfalls das Alter die gewichtigste Einflußgröße). Allerdings wird diese Wirkung auf die Einzugswahrscheinlichkeiten dadurch stark abgeschwächt, daß mit zunehmendem Alter die Umzugshäufigkeit rapide abnimmt.

Neben dem Alter beeinflussen die Wohnkosten und das Einkommen stark die Wohnungswahl. Da beide aber ein etwa gleichhohes Gewicht haben und tendenziell gegensätzlich wirken, neutralisieren sie sich bei ungefähr gleichmäßiger Entwicklung nahezu. (Wenn der Staat jedoch durch spezifische Instrumente direkten Einfluß auf die Wohnkosten nimmt, greift er über die dadurch bewirkte Kostensenkung für die Wohnungsnachfrager direkt - wie ja auch beabsichtigt - in das marktwirtschaftlich entwickelte Verhältnis von Einkommen und Preisen ein). Die Einflußgrößen Wertsteigerung, Haushalts- im Verhältnis zur Wohnungsgröße und Kinderzahl spielen bei der Wohnungswahl zwar eine beachtenswerte, aber doch vergleichsweise untergeordnete Rolle.

Rechnet man nun zum Einfluß des Alters die Wirkung der Kinderzahl und die der Haushaltsgröße angemessene Wohnungsgröße als weitere demographische Faktoren hinzu, so läßt sich festhalten, daß bei der Entscheidung der Haushalte für eine bestimmte Wohnungsalternative die demographischen Strukturen bestimmend sind, solange sich die ökonomischen Faktoren mit moderaten Veränderungsraten entwickeln.

Die angesprochenen durchschnittlichen Gewichte der Einflußgrößen variieren über die einzelnen Haushalts- und Regionsstrata. Beispielsweise ist der Einkommenseinfluß bei Zwei-Erwachsenen-Haushalten höher, bei größeren Haushalten niedriger als im Durchschnitt. Für Ein-Erwachsener-Haushalte gewinnt die Wertsteigerung an Relevanz, für Zwei-und-mehr-Erwachsenen-Haushalte spielt die

Anzahl der Kinder eine größere Rolle. In Ballungsgebieten sind die Wohnkosten von höherer Bedeutung, auf dem Land ist der Einfluß des Einkommens größer. Für die Entwicklung der Wohnungsnachfrage und für Ansatzpunkte zu ihrer Beeinflussung lassen sich aus diesen Ergebnissen einige wichtige Erkenntnisse gewinnen:

- In Kernstädten wirken die Wohnkosten so restriktiv, daß eine Verbesserung der Wohnungsversorgung nur in kleinen Schritten möglich zu sein scheint.
- Einkommensspielräume zur Erhöhung des Wohnkonsums haben eine um so größere Bedeutung, je dichter besiedelt eine Region ist.
- Ökonomische Faktoren dominieren die Wohnungswahl nur in den Zentren der großen Verdichtungsräume.

Über alle Strata gesehen weisen die ausgewählten Einflußfaktoren eine signifikante Bedeutung für die Wohnungsnachfrage aus. Für den Erfolg der Effizienzanalyse mit diesem Modell ist es darüber hinaus sehr wichtig, daß die einzelnen Einflußfaktoren die Sachverhalte realitätsnah abdecken, die durch die diskutierten Fördermaßnahmen berührt werden. Alle zu analysierenden wohnungspolitischen Instrumente können in ihrer haushaltspezifischen Wirkung sehr fein nachvollzogen werden, das gilt insbesondere für den haushaltsindividuellen Effekt einer Steuerersparnis (über Abschreibung, Baukindergeld etc.), aber auch für die Wohngeldberechtigung und andere direkt wirkende Bezuschussungsarten (1. Förderweg, Bausparprämien). Das Modell weist deswegen die für diese Studie benötigte Trennschärfe auf. Es zeigt an, wie sich die Wohnungsnachfrage an die alternativen Fördermaßnahmen anpaßt, wie also die Nachfrage nach Eigentümerwohnungen oder nach großen Wohnungen reagiert.

3.1.3.4 Modell-Verwendung zur Effizienzanalyse

Um die Effizienz der - oben ausgewählten neun - nachfrageorientierten wohnungspolitischen Instrumente quantifizieren zu können, wird die Wirkung des jeweiligen Maßnahmeneinsatzes unter Verwendung des Wohnungsnachfragemodells simuliert. Die Wirkung wird gemessen an der relativen Veränderung der gewählten Effizienzkriterien durch Einsatz des betrachteten Instruments im Verhältnis zu einer Nachfrage, wie sie sich ohne diesen zusätzlichen Einsatz dargestellt hätte.

Um nun die so gemessenen Wirkungen untereinander vergleichen zu können, um also, wie es Ziel dieser Untersuchung ist, eine Rangfolge der politischen Instrumente nach der Größe ihrer Effizienz bilden zu können, müssen alle zu vergleichenden Fördermaßnahmen

- mit dem gleichen Einsatz finanzieller Mittel und
- auf der gleichen Ausgangsbasis

simuliert werden. Dabei spielt es grundsätzlich keine Rolle, wie hoch der Einsatz staatlicher Aufwendungen angesetzt und welche Basis ausgewählt wird, weil nur die relativen Veränderungen der Nachfrage untereinander verglichen werden sollen.

Standard-Nachfrage in der Referenzperiode

Die "Standard"-Nachfrage einer Periode (im Fall der Simulationen: die Zeitspanne eines Jahres) ist definiert als die Wohnungsnachfrage seßhafter, umziehender und neuer Haushalte, die in der betrachteten Periode tatsächlich am Wohnungsmarkt aufgetreten ist.

Zur Messung der relativen Veränderung in der Wohnungsnutzung, die zusätzliche Staatsausgaben bzw. Einnahmeausfälle in der Wohnungspolitik hervorrufen, wird die Wohnungsnachfrage des Jahres 1987 herangezogen, weil für dieses Jahr eine Volks-, Gebäude- und Wohnungszählung durchgeführt wurde und deshalb relativ umfangreiches Datenmaterial zur Verfügung steht. Die für dieses Jahr erreichte Wohnungsversorgung ist Resultante nicht nur der demographischen und wirtschaftlichen Situation, sondern auch der 1987 gültigen und durchgeführten wohnungspolitischen Maßnahmen. Die Situation des Jahres 1987 liefert als sogenannte Standard-Nachfrage den Maßstab für die Ermittlung relevanter Veränderungen.

Im Jahr 1987 wird jeweils in den Prozeß der Nachfragekonstituierung modellhaft, d.h. simulativ, eingegriffen. Das 1987 gültige politische Maßnahmenbündel wird dazu jeweils an einer Stelle, dem betrachteten Instrument, verändert. Die Ergebnisse einer derartigen Simulation besagen also, wie sich die Wohnungsversorgung im Jahr 1987 dargestellt hätte, wenn dieses eine Instrument anders, als in dem Jahr tatsächlich gültig, gestaltet gewesen wäre.

In der Referenzperiode wirken im wesentlichen folgende wohnungspolitische Instrumente:

- sozialer Wohnungsbau,
- Wohngeld,
- Abschreibung nach § 10 e, § 7 b EStG,
- Baukindergeld,
- Grundsteuervergünstigung,
- Wohnungsbauprämie,

in der 1987 gültigen Ausgestaltung.

Im Jahr 1987 weist die Standard-Nachfrage folgende Werte für die betrachteten Effizienzkriterien im Modell-Geltungsbereich (vgl. dazu auch Abschnitt 3.1.3.5) auf:

- die Unterversorgungsquote, d.h. der Anteil der Haushalte, die eine Wohnung bewohnen, deren Zimmerzahl kleiner ist als die Anzahl der Haushaltsmitglieder (Eigentümer und Mieter), beträgt 19,2 %, das sind rund 4 Mill. Haushalte;
- die Eigentümerquote, d.h. der Anteil der Haushalte, die in einer eigenen Wohnung wohnen, beläuft sich auf 49,4 %, was rund 10 Mill. Haushalten entspricht.

Untergliedert man die Standard-Nachfrage (im Modell-Bereich) weiter, so ergeben sich sehr differenzierte Werte für die beiden Effizienzkriterien. Die folgende Tabelle 3.1 stellt Eigentümer- und Unterversorgungsquote nach regionalen und haushaltgruppenspezifischen Kategorien zusammen. Die dort ausgewiesene Haushaltsgruppen-Gliederung soll zur Effizienzbeurteilung interpretierend und ergänzend herangezogen werden.

Die Tabellenwerte bringen keine Überraschungen: Wie erwartet

- ist die Eigentümerquote auf dem flachen Land wesentlich höher als in Ballungsgbieten,
- wohnen fast doppelt soviel Haushalte der Einkommensoberschicht in der eigenen Wohnung als einkommensschwache Haushalte und
- steigt die Eigentümerquote mit der Kinderzahl.

Der Anteil der Haushalte, die im Verhältnis zur Haushaltsgröße eine zu kleine Wohnung bewohnen,

Tabelle 3.1

Eigentümerquote und Unterversorgungsquote
der Standard-Nachfrage 1987
(nach Regionstypen[1] und Haushaltsgruppen)

	Eigentümerquote	Unterversorgungsquote
große Verdichtungsräume	41,7	17,8
Regionen mit Verdichtungsansätzen	62,0	16,0
Land	65,1	16,8
Einkommenskategorien in DM pro Monat		
bis 1.104	36,3	3,7
1.105 - 1.656	38,7	8,1
1.657 - 2.761	46,1	21,7
2.762 - 3.454	52,0	28,9
3.455 - 4.142	57,4	26,7
4.143 - 5.524	64,6	23,7
5.525 und mehr	71,3	17,9
Haushalte mit ... Kindern		
keine	46,2	8,1
1 bis 2	56,8	43,8
3 und mehr	59,3	66,0

1) Regionale Differenzierung ohne Mehrpersonen-Gastarbeiter-Haushalte, wobei als Gastarbeiter solche Personen definiert sind, die folgende Staatsangehörigkeiten aufweisen: Algerien, Tunesien, Marokko, Türkei, Griechenland, Jugoslawien, Italien, Spanien, Potugal.

Quelle: Berechnungen mit dem Ifo-Wohnungsnachfragemodell.

- ist in Ballungsgebieten am höchsten,
- weist bei kinderreichen Haushalten mit 66 % den allerhöchsten Wert überhaupt auf und
- zeigt, über die Einkommenskategorien gesehen, deshalb keinen so stringenten Zusammenhang, weil sich offensichtlich die kleinsten Haushalte auch auf die niedrigsten Einkommenskategorien konzentrieren (Rentner).

Für die Effizienzanalyse bleibt aus dieser Übersicht festzuhalten, daß einzelne wohnungspolitische Maßnahmen, wie beispielsweise die Eigentumsförderung, natürlich dort nicht mehr so große Wirkungen erzielen können, wo schon das Ausgangsniveau sehr hoch ist. Haushalte hoher Einkommensschichten wohnen zu rund zwei Dritteln in der eigenen Wohnung. Hier liegt die Eigentümerquote schon weit über der für den Bundesdurchschnitt angestrebten. Die Eigentümerquote der Einkommensoberschichten wird sich durch den Einsatz weiterer Förderungsmittel kaum noch wesentlich erhöhen lassen, es sei denn über eine ganz massive Förderung.

Man könnte aus diesen Überlegungen heraus - und unter Berücksichtigung der in Tabelle 3.1 ausgewiesenen Werte - der Wohnungspolitik empfehlen, weitere Anstrengungen zur Erreichung ihrer Ziele auf die Regionen und Haushaltsgruppen zu konzentrieren, die am weitesten vom gewünschten Stand entfernt sind, d.h. auf

- kinderreiche Haushalte,
- Haushalte in Ballungsgebieten und
- Haushalte mit niedrigem bis mittlerem Einkommen.

Standardisierter Mittel-Einsatz

Um den Vergleich der simulierten Wirkungen der verschiedenen wohnungspolitischen Instrumente zu gewährleisten, wurde allen Simulationen ein staatlicher Mitteleinsatz von jeweils 1 Mrd. DM zugrundegelegt. Diese 1 Mrd. DM setzt die Wohnungspolitik fiktiv im Jahr 1987 zusätzlich zu den in diesem Jahr - aus gültigen Regelungen - aufzuwendenden wohnungspolitischen Mitteln ein. Die zusätzlichen Aufwendungen bestehen dabei je nach betrachtetem Instrument in Mehrausgaben oder in Mindereinnahmen. So steigert beispielsweise eine zusätzliche Mrd. DM im Wohngeldbereich die staatlichen Ausgaben, und der Einsatz einer zusätzlichen Mrd. DM für Abschreibungen im Rahmen des § 10 e EStG erhöht die steuerlichen Einnahmenverzichte. Gemessen wird jeweils die Wirkung einer zusätzlich eingesetzten Milliarde DM.

3.1.3.5 Interpretation der Simulationsergebnisse

Die zur Analyse der Wirkung einzelner Instrumente im folgenden dargestellten Ergebnisse entstammen Simulationen unter Verwendung des Ifo-Wohnungsnachfragemodells für die Referenzperiode 1987. Dieses Modell, das wurde oben schon erwähnt (vgl. Abschnitt 3.1.3.1), muß sich, vom theoretischen Ansatz her, auf die Teilbereiche des Wohnungsmarktes beschränken, auf dem Angebot und Nachfrage relativ frei agieren - anderenfalls wäre eine Schätzung von Nachfragefunktionen unsinnig. Aus diesem Grund bezieht sich das Modell auf die Teile des Wohnungs"marktes", die man im weitesten Sinne als die "freifinanzierten Segmente" bezeichnen kann. Ausgeschlossen, d.h. im Modell nicht erfaßt und abgebildet, sind:

- soziale Mietwohnungen,
- Dienst-, Werks- und Stiftswohnungen

  sowie
- landwirtschaftliches Eigentum von Vollerwerbslandwirten.

Von den rund 26 Mill. Wohnungen 1987 sind insgesamt rund 5 Mill. Mietwohnungen und ca. 370.000 landwirtschaftliche Eigenheime, also rund 20 % des Wohnungsbestandes, nicht berücksichtigt. Die genannten Wohnungsarten und die sie bewohnenden Haushalte können in ein Nachfragemodell nicht einbezogen werden, weil die Belegung dieser Wohnungen nicht über - mit dem freifinanzierten Markt vergleichbare - Marktausgleichsprozesse erfolgt. Übergänge zwischen diesen nicht-freifinanzierten Teilbereichen und dem Modell-Wohnungsmarkt, und zwar sowohl die von Wohnungen als auch die von privaten Haushalten, sind im Modellablauf berücksichtigt.

Bei der Interpretation der unten dargelegten Simulationsergebnisse muß diese Ausgrenzung aus dem Modell berücksichtigt werden:

- Die vom Modell ausgewiesene Eigentümerquote liegt über der in der amtlichen Statistik angegebenen, weil die große Anzahl von Sozialmietern und Mietern in Dienst-, Werks- und Stiftswohnungen in die Anteilsberechnung nicht miteingegangen ist. Die Modell-Eigentümerquote von 49,4 % entspricht insofern der amtlicherseits für den Gesamtmarkt ausgewiesenen von 39,3 % im Jahr 1987.

- Die im Modell errechneten staatlichen Ausgaben bzw. Einnahmenausfälle sind niedriger als die in der Realität anfallenden. Insbesondere das Wohngeld wird ja nicht nur an Haushalte im freifinanzierten Marktsegment gezahlt, sondern auch an Sozialmieter und Mieter in sonstigen Wohnungen mit Sonderrechten.

- Die als weiteres Effizienzkriterium herangezogene Unterversorgungsquote von Haushalten mit Wohnraum entspricht wegen der genannten Modellabgrenzung ebenfalls nicht den Informationen der amtlichen Statistik. Jedoch liegt diese Quote 1987 ganz nahe an der Modellquote, wenn alle unberücksichtigten Teilbereiche mit einbezogen sind.

Darüber hinaus muß beachtet werden, daß die amtlichen statistischen Daten aus einer Vollerhebung stammen, die am 25. Mai 1987 durchgeführt wurde. Demgegenüber beziehen sich die vom Modell errechneten Zahlen immer auf das Ende eine Periode, im Falle der Simulationen also auf den 31. Dezember 1987.

Im folgenden wird die Effizienz der untersuchten Instrumente ausschließlich über Modell-Daten quantifiziert. Die ausgewiesenen Werte können also nicht ohne weiteres, z.B. als Anteilswerte auf die gesamte Wohnungsversorgung der ehemaligen Bundesrepublik Deutschland übertragen werden. Dieses ist auch weder Absicht noch Ziel des hier vorliegenden Gutachtens (umbasierte Daten finden sich in Kapitel 2. bei der Wohnungsmarktanalyse). Um aber dennoch Anhaltspunkte für eine Größenordnung der jeweils bewirkten Veränderungen als Folge einer zusätzlich in der Wohnungspolitik eingesetzten Milliarde DM zu vermitteln, sei hier kurz darauf verwiesen, daß - in Anlehnung an die in der Beschreibung der Standard-Nachfrage ausgewiesenen Zahlen - eine Steigerung der Quoten um 1 % (nicht 1 Prozentpunkt)

- bei der Eigentümerquote ca. 110.000 Haushalte,
- bei der Unterversorgungsquote ca. 40.000 Haushalte

betrifft.

In der vergleichenden Effizienzanalyse werden ausschließlich die jeweiligen relativen Veränderungen der Effizienzkriterien betrachtet, und zwar nur die, die im ersten Jahr nach dem Einsatz des neuen oder umgestalteten Instruments am Wohnungsmarkt eintreten. Der Einbezug relativer Veränderungen und die Beschränkung auf die Auswirkungen innerhalb eines Jahres bieten die unkomplizierteste und griffigste Vergleichsmöglichkeit, weil auf diese Art und Weise mit hoher Sicherheit alle möglichen Nebeneffekte ausgeschaltet sind. Der Erkenntniswert für einen Effizienzenvergleich würde sich bei einer Ausweitung auf mehrere Jahre nicht erhöhen. In absoluten Zahlen ausgedrückte Wirkungen könnten mißverständlich sein und ein von den Prämissen des Wohnungsnachfragemodells losgelöstes "Eigenleben" entfalten. Dabei könnte nicht beachtet werden, daß die Werte nicht aus tatsächlich stattfindenden Prozessen gewonnen wurden, sondern aus einem modellhaften Abbild der Realität.

In der Simulation der zu untersuchenden Instrumente wurde grundsätzlich folgendermaßen vorgegangen: Sofern die betrachtete Maßnahme im Jahr 1987 eingesetzt war, wurden alle Zugangs- und sonstigen Regeln für den Empfang der Förderung beibehalten und der an die einzelnen berechtigten Haushalte ausgeschüttete Betrag so erhöht, daß die Erhöhung sich für den Staat auf 1 Mrd. DM summiert. In den Fällen, in denen das überprüfte Instrument im Jahr 1987 nicht zum geltenden Recht gehörte, wurden keine Zugangsbeschränkungen bzw. Berechtigungsregeln konstruiert, sondern die Förderung allen Eigentumserwerbern in einer Höhe zugestanden, daß alle Einzelförderungen sich für den Staat wiederum auf insgesamt 1 Mrd. DM aufaddieren.

Da jedoch das System wohnungspolitischer Maßnahmen des Jahres 1987 auch bei der Simulation zusätzlicher staatlicher Aufwendungen beibehalten werden mußte, wird sozusagen automatisch ein weiterer zusätzlicher Aufwand des Staates im Kranz der nicht speziell betrachteten Instrumente hervorgerufen ("Folgeaufwand"). Der Einsatz von 1 Mrd. DM in einer bestimmten Maßnahme verpflichtet den Staat über derartige automatische Folgewirkungen noch einmal zu Ausgaben oder Einnahmenverzichten in unterschiedlicher Höhe. Um den Zusammenhang zu verdeutlichen, sei beispielhaft darauf verwiesen, daß die Einführung des Schuldzinsenabzugs (Aufwand 1 Mrd. DM) die Wohneigentumsnachfrage erhöht und damit die Inanspruchnahme der steuermindernden Abschreibung nach § 10 e EStG ansteigt. Der zusätzliche Schuldzinsenabzug verursacht also beim Staat nicht nur den ursprünglich eingesetzten Mehraufwand von 1 Mrd. DM sondern über Steigerung der Kosten anderer Instrumente insgesamt mehr als

1 Mrd. DM. Der Folgeaufwand ist je nach betrachtetem Instrument unterschiedlich hoch.Um die Vergleichbarkeit der Wirkungen zu sichern, wurde der gesamte staatliche Aufwand durch Rückrechnung auf 1 Mrd. DM normiert.

In den im folgenden Abschnitt 3.2 eingefügten Tabellen sind teilweise sowohl ursprüngliche Ergebniswerte, als auch normierte Werte ausgewiesen. Der Effizienzvergleich und die daraus resultierende Rangfolgenbildung wurden unter Verwendung der normierten Werte durchgeführt. Weitere Tabellen zur differenzierten Betrachtung der Wohnungsnachfrage nach Regionstypen oder Haushaltsgruppen enthalten keine normierten Werte mehr, weil sich die zusätzlichen Aufwendungen des Staates nicht ohne umfangreiche Mehrarbeit auf die Kategorien der ausgewiesenen Differenzierungen aufspalten ließen. In diesen Tabellen geht es auch weniger um Vergleiche zwischen den einzelnen Instrumenten, als vielmehr um eine verfeinerte Darstellung der jeweiligen Wirkungen innerhalb der komplexen Wohnungsmarktelemente.

3.2 Ergebnisse der Effizienzanalyse

(1) *Wohngeld für Mieter*

Wohngeldregelungen

Seit 1965 wird nach dem Wohngeldgesetz vom Staat den Mieterhaushalten, die nach den Bestimmungen des Gesetzes berechtigt sind, ein Wohngeld gezahlt. Beim Wohngeld handelt es sich um einen verlorenen Zuschuß des Staates zu den privaten Aufwendungen für den Wohnraum (Subjektförderung), der ein den Verhältnissen des Privathaushaltes angemessenes Wohnen ermöglichen und soziale Härten ausgleichen soll. Auf Wohngeld besteht für eine vom Gesetz fest umrissene Gruppe von Haushalten ein Rechtsanspruch.

Die Wohngeldberechtigung koppelt das Gesetz an die Höhe des Haushaltseinkommens. Darüber hinaus ist der zu zahlende Wohngeldbetrag mit dem Haushaltseinkommen gestaffelt. Daneben bestimmt die jeweilige Miete, die nach Ausstattungsmerkmalen und Baualter der Wohnung differenziert ist, die Höhe des Wohngeldbetrags. Das gilt bis zu einer Mietobergrenze; über diese hinausgehende Mietbestandteile werden nicht mehr berücksichtigt. Seit 1985 nimmt das Wohngeldgesetz darüber hinaus auf das Mietniveau der Kommunen bezug, das in fünf vom Bundesdurchschnitt abweichende Mietenstufen gegliedert ist. (Seit Ende 1990 ist eine 6. Mietenstufe für Ballungszentren, die ein außerordentlich hohes Mietenniveau aufweisen, eingeführt.)

Die Wohngeldleistungen wurden in der Vergangenheit in unregelmäßigen Abständen durch Novellen zum Wohngeldgesetz an die Mieten- und Einkommensentwicklung angepaßt. Unterließe der Staat derartige Anpassungen, so würden mit steigenden Einkommen im Laufe der Zeit immer mehr Wohngeldempfänger ihre Berechtigung verlieren und bei ebenfalls steigenden Mieten die Entlastungswirkungen des unveränderten Wohngeldbetrages laufend abnehmen. Die Wohngeldzahlungen des Staates an Mieterhaushalte im Jahr 1987 richten sich nach der 6. Wohngeldnovelle vom 11.7.1985.

Wohngeldinanspruchnahme

Nicht alle Wohngeldberechtigten nehmen Wohngeld in Anspruch. Schätzungen gehen davon aus, daß rund 50 % aller wohngeldberechtigten Mieterhaushalte ihren Rechtsanspruch aus den unterschiedlichsten Gründen nicht realisieren. Trotzdem wendete der Staat 1987 rund 3,4 Mrd. DM für Wohngeldzahlungen an Mieter auf, so daß ca. 1,7 Mill. Empfänger-Haushalte durchschnittlich 144,-- DM im Monat ausgezahlt bekamen.[1]

Wirkung am Wohnungsmarkt

Das staatliche Wohngeld läßt sich, sieht man über wohnungsbezogene Einzelheiten der gesetzlichen Regelung hinweg, als Transferzahlung ansehen und zählt somit zu Maßnahmen der Einkommensumverteilung im weitesten Sinne. Regressionsschätzungen zur Wirkung des Wohngeldes auf die Wohnungsnachfrage haben deshalb auch einen eher diffusen Zusammenhang aufgezeigt.[2] Offensichtlich wird das an die Mieter ausgezahlte Wohngeld nicht immer dazu benutzt, die Wohnungsversorgung eines Haushalts zu verbessern, sondern durchaus auch zur Erhöhung anderer Konsumteile herangezogen. Aus diesem Grund taucht in der Fachdiskussion immer wieder der Vorschlag auf, das Wohngeld an den Vermieter zu zahlen. Eine derartige Umgestaltung des wohnungspolitischen Instruments könnte möglicherweise tatsächlich dazu führen, daß der Wohngeldbezug ausschließlich zur Erhöhung des Wohnkonsums benutzt wird. Das gilt al-

---

[1] Nähere Einzelheiten in: Statistisches Bundesamt, Fachserie 13: Sozialleistungen, Reihe 4: Wohngeld, Stuttgart 1988.

[2] Vgl. dazu Behring, K., A. Börsch-Supan, G. Goldrian, Wohnungsnachfrageprognose 1995, a.a.O.

lerdings nur dann, wenn das Wohngeld nicht die Mietpreise erhöht, wie es in angespannten Wohnungsmarktsituationen zu befürchten ist.

Wenn ein einkommensschwacher Haushalt eine Wohnung besitzt, kann die Wohngeldzahlung die monatliche Belastung durch Wohnkosten in erträglichen Grenzen halten - jedoch nur dann, wenn die berücksichtigten Mieten und Einkommen den in der Realität zu zahlenden Mieten und dem tatsächlichen Einkommen möglichst angenähert sind. Insofern leistet das Wohngeld immer nur dann einen merkbaren Beitrag zur angemessenen Wohnungsversorgung einkommensschwacher Haushalte, wenn durch eine Novelle die gesetzlichen Regelungen an die Entwicklung neu angepaßt sind. In der Folgezeit bis zur nächsten Novelle büßt das Wohngeld seine Wirkung immer mehr ein.

Für einkommensschwache Haushalte, die noch keine Wohnung besitzen, erleichtert bei angespannten Wohnungsmärkten das Wohngeld jedoch kaum den Marktzugang. Deshalb kann das Wohngeld in diesen Fällen Belegungsbindungen in sozialen Mietwohnungen zur Versorgung bestimmter Haushaltsgruppen auch nicht ersetzen (vgl. auch Kapitel 5).

In Wohnungsmarktsituationen mit hohen Angebotsdefiziten könnte das Wohngeld unter bestimmten Bedingungen möglicherweise potentielle Investoren zum Mietwohnungsneubau anreizen, weil die Wohngeldzahlungen die Wohnkaufkraft nachfragender Haushalte erhöhen. Die Kaufkraft der Wohnungsnachfrage wiederum geht in die Renditeüberlegungen und -erwartungen potentieller Mietwohnungsbauherren ein. Jedoch müßten die Wohngeldbeträge so hoch sein, daß sie einkommensschwachen Haushalten auch die Mietzahlung für eine teure Neubauwohnung erlauben und nicht nur, wie heute, äußerste soziale Härten dämpfen. Allerdings würde eine solche Ausgestaltung des Wohngeldgesetzes den ursprüglichen Intentionen des Gesetzgebers zuwiderlaufen. Aus diesem Grund muß man wohl davon ausgehen, daß das Wohngeld zwar einen begrenzten sozialen Effekt bei der Wohnungsversorgung erzielt, jedoch kaum eine Wirkung auf das Angebot von Mietwohnungen hat.

Effizienz des Wohngeldes

Für die Simulation der Wirkung des Mieterwohngeldes wurden alle 1987 geltenden Regelungen, insbesondere die Einkommens- und Mietobergrenzen, beibehalten. Der Staat wendet fiktiv eine Mrd. DM für Wohngeld in der Weise auf, daß der monatliche Wohngeldbetrag der Bezieher entsprechend erhöht wird. In der Simulation steigen die Wohngeldbezüge um 51 %, d.h. von durchschnittlich 144 DM auf 217 DM. Der Anteil der Haushalte, die trotz Berechtigung kein Wohngeld beziehen, wurde konstant gehalten. Jedoch könnte man möglicherweise davon ausgehen, daß wegen des erhöhten Wohngeldes ein größerer Teil der Berechtigten als bisher seinen Anspruch geltend macht. Die erhöhten Beträge werden an alle Wohngeldbezieher, also an Umzügler und Seßhafte, ausgezahlt. Sie lösen in der Simulation fast keine Reaktion der seßhaften Haushalte zum Umzug aus. Die Wohnungsversorgung, an deren Merkmalen die Effizienz gemessen wird, verändert sich in der betrachteten Simulationsperiode also fast ausschließlich durch umziehende Haushalte. Der Effekt dieses Instruments kann deshalb nicht sehr groß sein, weil ein beträchtlicher Teil der zusätzlichen staatlichen Aufwendungen ohne marktrelevante Wirkung bei den trotzdem seßhaft bleibenden Haushalten "versickert" - natürlich wird deren Mietbelastung gesenkt.

Die Erhöhung des Wohngeldes für Mieter um insgesamt 1 Mrd. DM führt im Durchschnitt der westdeutschen Bundesländer (im Modell-Marktbereich) zu

- einem Rückgang der Eigentümerquote um 0,07 %,
- einer Senkung der Unterversorgungsquote um 0,05 %[1].

[1] Die hier und im folgenden ausgewiesenen Prozentsätze zeigen stets eine relative Veränderung von Quoten an - also nicht Differenzen in Prozentpunkten.

Wie nicht anders zu erwarten, hat eine Anhebung des Wohngeldes ausschließlich für Mieter zur Folge, daß potentielle Eigentumserwerber, wenn auch nur in verschwindend geringer Zahl, ihre Kaufentscheidung zugunsten einer Anmietung zurückstellen. Natürlich betrifft diese Nachfrageänderung nur solche Haushalte, deren Einkommen unter den Obergrenzen des Wohngeldgesetzes liegen; in diesen Einkommenskategorien tritt jedoch die Wirkung des Mieterwohngeldes relativ stark zutage:

Relative Veränderung der Eigentümerquote
(nach Einkommenskategorien in DM pro Monat)

bis 1.104	- 0,28 %
1.105 - 1.656	- 0,26 %
1.657 - 2.761	- 0,22 %
2.762 und mehr	0 %.

Quelle: Diese und die folgenden Texttabellen weisen Ergebnisse von Berechnungen mit dem Ifo-Wohnungsnachfragemodell aus.

Gemessen am Effizienzkriterium Eigentümerquote erreicht ein zusätzlicher Einsatz von 1 Mrd. DM beim Mieterwohngeld also keine von der Wohnungspolitik erwünschte Wirkung, sondern führt im Gegenteil dazu, daß der Zielerreichungsgrad abnimmt.

Wie schon oben angedeutet, hat eine Wohngelderhöhung aber auch keine großen Wirkungen auf die durchschnittliche Unterversorgungsquote der Haushalte: Der Rückgang der Anzahl unterversorgter Haushalte bewegt sich um die 2.000 herum. Schaut man jedoch darauf, welche Art von Haushalten ihre Wohnraumversorgung mithilfe eines höheren Wohngeldes verbessern kann, so stellt sich heraus, daß diese Maßnahme genau dort greift, wo es politisch erwünscht ist:

Relative Veränderung der Unterversorgungsquote
(nach Kinderzahl im Haushalt)

keine Kinder	0 %
1 bis 2 Kinder	0 %
3 und mehr Kinder	- 0,16 %.

Wie die Darstellung der Standardnachfrage im Jahr 1987 nachweist (vgl. Abschnitt 3.1.3.4), zeigt sich bei kinderreichen Haushalten die weitaus größte Abweichung von der politisch als Bedarf anerkannten Versorgung mit Wohnraum.

Die Frage, welche Wirkung einer Wohngelderhöhung beim Staat die höhere Priorität haben könnte, wird jedoch irrelevant, wenn man beachtet, daß auch die Eigentümerquote vor allem bei Haushalten mit Kindern zurückgeht:

Relative Veränderung der Eigentümerquote
(nach Kinderzahl im Haushalt)

keine Kinder	0 %
1 bis 2 Kinder	- 0,18 %
3 und mehr Kinder	- 0,17 %.

Genau dieses widerspricht den Intentionen der Wohnungspolitiker, die ja besonderen Wert darauf legen, daß Familien mit Kindern in Wohneigentum leben.

Auch in den Differenzierungen erweist sich das Wohngeld als nicht sehr effizient. Trotzdem soll hier nicht gegen dieses politische Instrument plädiert werden. Denn das Wohngeld senkt mit Sicherheit die Kosten des Wohnkonsums einkommensschwacher Haushalte, so daß die aus Wohnen resultierende Belastung des Haushaltsbudgets zurückgeht. Daß nun nicht jeder Wohngeldempfänger gleich seine Wohnraumversorgung aus dem entstandenen Einkommensspielraum verbessern will, sondern möglicherweise andere Güter verstärkt oder überhaupt erstmalig konsumiert, hat einen sozialpolitischen, wenn auch nicht wohnungspolitischen Stellenwert. Zumal dann, wenn die Objektförderung aus Gründen der hohen Kosten nicht so weit ausgedehnt werden kann, daß eine Verbesserung der Wohnraumversorgung aller einkommensschwachen Haushalte erreicht wird, muß das Wohngeld für Mieterhaushalte zur Abfederung sozialer Härten erhalten bleiben.

(2) *Lastenzuschuß für Wohneigentümer*

Lastenzuschußregelungen

Wie das Mieterwohngeld ist auch der Lastenzuschuß für Eigentümer im Wohngeldgesetz geregelt. Eigentümer, die unter die vom Gesetz festgelegten Einkommensobergrenzen fallen, haben Anspruch auf einen Zuschuß zu den monatlich anfallenden Kosten des Kapitaldienstes und der Bewirtschaftung. Alle oben für den Mieter näher beschriebenen Regelungen gelten analog für Eigentümer.

Inanspruchnahme des Lastenzuschusses

Ob alle berechtigten Eigentümer den staatlichen Zuschuß zu ihren monatlichen Belastungen aus Eigentumserwerb in Anspruch nehmen, ist nicht bekannt. Jedoch ist davon auszugehen, daß im Bereich des Wohneigentums keine ähnlich große Zurückhaltung wie im Mietwohnungsbereich zu finden ist, und zwar allein schon deswegen, weil bei der Besprechung von Finanzierungsplänen in Banken, Bausparkassen o. ä. über mögliche öffentliche Hilfen ausführlich informiert wird. Der Staat zahlte 1987 nach dem Wohngeldgesetz einen Lastenzuschuß von rund 300 Mill. DM; im Verhältnis zu anderen wohnungspolitischen Maßnahmen hat das Eigentümer-Wohngeld bis heute eine eher untergeordnete Bedeutung. Die 142.000 Lastenzuschußempfänger erhielten durchschnittlich 156 DM im Monat.

Wirkung am Wohnungsmarkt

Der Lastenzuschuß leistet wie andere Maßnahmen der Eigentumsförderung einen direkten Beitrag zur Bildung von Wohneigentum. Er zielt, wie das Mieterwohngeld, auf einkommensschwache Haushalte und hat deshalb auch nicht allzuviel Wirkung. Den Haushalten der entsprechenden Einkommenskategorien fehlt häufig, auch wenn sie durch Erbschaft oder ähnliches das benötigte Eigenkapital bereitstellen können, die Möglichkeit, aus den laufenden Einkommen trotz des Lastenzuschusses das Fremdkapital zu bedienen. Da jedoch die Vermögensübergänge innerhalb der Familien kräftig ansteigen, trägt das Eigentümerwohngeld sehr wohl zur Eigentumsbildung bei.

Effizienz des Lastenzuschusses für Eigentümer

Für die Simulation der Wirkungsstärke dieses wohnungspolitischen Instruments wurden die staatlichen Aufwendungen um 1 Mrd. DM erhöht, und zwar dergestalt, daß die berechtigten Eigentümer 143 % mehr Lastenzuschuß erhalten als im Jahr 1987. Im Durchschnitt bezieht danach ein Eigentümer statt 156 DM weit mehr als das Doppelte, nämlich 399 DM im Monat. Im übrigen liegen der Simulation die Wohngeldregelungen des Jahres 1987 zugrunde, d.h. der Kreis der Berechtigten ändert sich nicht, weil insbesondere Belastungs- und Einkommensobergrenzen beibehalten werden. Der Eigentümerlastenzuschuß wird isoliert erhöht (das Mieterwohngeld bleibt davon unberührt).

Die starke Anhebung des Eigentümerwohngeldes (zusätzliche staatliche Ausgaben von insgesamt 1 Mrd. DM) hat

- eine Zunahme der Eigentümerquote um 0,46 %,
- einen Rückgang der Unterversorgungsquote um 0,21 %

zur Folge.

Der Lastenzuschuß für Eigentümer senkt, zumal in der für die Simulation angesetzten Höhe, die monatliche Belastung aus Eigentumserwerb ganz erheblich. Rund 50.000 umziehende Haushalte entscheiden sich, obwohl sie ursprünglich eine Mietwohnung nachfragten, nach Erhöhung des Eigentümerwohngeldes für den Eigentumserwerb. Dieser Anstieg der Eigentümerquote wird verursacht durch Haushalte der unteren Einkommenskategorien, die allein einen Anspruch auf den Lastenzuschuß haben:

Relative Veränderung der Eigentümerquote
(nach Einkommenskategorien in DM pro Monat)

bis 1.104	+ 2,50 %
1.105 - 1.656	+ 0,51 %
1.657 - 2.761	+ 0,43 %
2.762 und mehr	0 %.

Eine Erhöhung der Ausgaben für dieses staatliche Instrument greift also genau dort, wo die Eigentümerquote am niedrigsten ist (vgl. Abschnitt 3.1.3.4) und hat einen großen Erfolg.

Betrachtet man die regional differenzierte Wirksamkeit der Maßnahme, so zeigt sich, daß auch hier die größte Wirkung dort auftritt, wo der relativ größte Abstand zum wohnungspolitischen Ziel besteht:

Relative Veränderung der Eigentümerquote
(nach Regionstypen[1])

Große Verdichtungsräume	+ 0,50 %
Regionen mit Verdichtungsansätzen	+ 0,32 %
Land	+ 0,27 %.

1 Regionale Differenzierung hier und im folgenden ohne Mehrpersonen-Gastarbeiter-Haushalte.

Und noch ein wichtiges wohnungspolitisches Ziel, nämlich kinderreiche Haushalte besonders zu berücksichtigen, wird durch eine Erhöhung des Lastenzuschusses relativ erfolgreich angegangen:

Relative Veränderung der Eigentümerquote
(nach Kinderzahl im Haushalt)

keine Kinder	+ 0,43 %
1 bis 2 Kinder	+ 0,70 %
3 und mehr Kinder	+ 1,68 %.

Bezogen auf eine Verminderung der Unterversorgungsquote wirkt eine Erhöhung des Eigentümerwohngeldes insgesamt nicht sehr stark und - betrachtet man die differenzierten Wirkungen - auch weniger in die politisch gewünschte Richtung:

Relative Veränderung der Unterversorgungsquote
(nach Regionen, Einkommenskategorien und Kinderzahl)

große Verdichtungsräume	- 0,23 %
Regionen mit Verdichtungsansätzen	- 0,26 %
Land	- 0,18 %
bis 1.055	- 2,71 %
1.056 - 1.583	- 1,24 %
1.584 und mehr	0 %
keine Kinder	0 %
1 bis 2 Kinder	- 0,23 %
3 und mehr Kinder	0 %.

Gerade in Regionen mit Verdichtungsansätzen und bei Haushalten mit niedrigen Einkommen bestehen 1987 ohnehin schon die niedrigsten Unterversorgungsquoten (vgl. Tabelle 3.1 in Abschnitt 3.1.3.4). Allein die Wohnungsversorgung der Familien mit einem bis zwei Kindern wird in der politisch angestrebten Weise verbessert.

Das staatliche wohnungspolitische Instrument des Lastenzuschusses für Eigentümer hat, faßt man die Einzelanalysen zusammen, zwar bezüglich der Eigentümerquote eine "richtige" Wirkung, leistet aber gegen die Unterversorgung wenig. Seine Effizienz läßt sich so allenfalls als mittlere einstufen.

(3) *Aufwendungszuschuß für Eigentümer (1. Förderweg)*

Regelungen der Förderung

Eigentumsförderung im Rahmen des sozialen Wohnungsbaus hat eine lange Tradition in den westdeutschen Bundesländern. In den letzten Jahren ist dabei der Anteil der Eigentumsmaßnahmen auf Kosten des klassischen sozialen Mietwohnungsbaus erheblich angestiegen. Eigentumsmaßnahmen werden im sogenannten 1. Förderweg für den nach § 25 des zweiten Wohnungsbaugesetzes begünstigten Personenkreis gefördert und zwar mit öffentlichen Mitteln im Sinne des § 6,1 des Gesetzes. Gefördert wird danach der Neubau von zur Selbstnutzung bestimmten Familienheimen und Eigentumswohnungen für Haushalte, deren Einkommen die nach Haushaltsgröße gestaffelten Einkommensobergrenzen nicht übersteigt (dabei gibt es für bestimmte, im Gesetz genannte Personengruppen erhöhte Obergrenzen). Die im 1. Förderweg angesetzten Einkommensgrenzen liegen wesentlich über der Berechtigungsgrenze für Lastenzuschuß nach dem Wohngeldgesetz, sie dürfen darüber hinaus "unwesentlich" (üblicherweise um 5 %, aber auch in einzelnen Bundesländern um einen höheren Prozentsatz) überschritten werden. Gefördert werden Wohnungen und Familienheime nur bis zu einer höchstzulässigen Wohnfläche.

Auf die Förderung besteht kein Rechtsanspruch. Die Gebietskörperschaften stellen pro Jahr eine bestimmte Summe für den 1. Förderweg zur Verfügung, die eine absolute Grenze auch für die Eigentumsförderung setzt. Der jährlich bereitstehende Betrag schwankt im Zeitablauf und ist seit 1982 stark rückläufig (Mittel im 1. Förderweg insgesamt - Miete und Eigentum - 4,5 Mrd. DM im Jahr 1982, 1,8 Mrd. DM im Jahr 1987).

Förderungsarten

Die Eigentumsförderung im 1. Förderweg erfolgt über eine ganze Reihe unterschiedlicher Hilfen: Baudarlehen, befristete Aufwendungszuschüsse, Aufwendungsdarlehen, Aufwendungsbeihilfen, Zinszuschüsse und Mischformen aus diesen. Die Förderungsform und die Förderungssätze sind in den einzelnen westdeutschen Bundesländern sehr unterschiedlich und unterliegen darüber hinaus laufend Änderungen.[1] Beispielsweise werden in Baden-Württemberg eher Darlehen vergeben, und zwar bis zu 150.000 DM pro Fall, während das andere Extrem Bremen fast ausschließlich durch Aufwendungszuschüsse fördert, die über 10 DM pro qm Wohnfläche und Monat betragen können. Andere Bundesländer fördern Eigentumserwerber mit Mischformen aus mehreren Möglichkeiten. Insgesamt läßt sich dazu festhalten, daß die zeitlich befristeten und degressiv gestalteten Aufwendungsbeihilfen praktisch aus dem Katalog der Förderungsarten verschwunden sind und auch keine Annuitätshilfen mehr gewährt werden. Aufwendungsdarlehen konzentrieren sich offensichtlich eher auf den 2. Förderweg, während Aufwendungszuschüsse hauptsächlich im 1. Förderweg gezahlt werden.[2] Zinszuschüsse verlieren zunehmend an Bedeutung.

---

[1] Für Einzelheiten vgl. Institut für Städtebau, Wohnungswirtschaft und Bausparwesen (Hrsg.), Eigener Herd ist Goldes Wert, Bonn 1985.

[2] Statistisches Bundesamt, Fachserie 5, Reihe 1, Bewilligungen im sozialen Wohnungsbau, Stuttgart 1988.

Unter allen möglichen Förderungsformen des Eigentums im sozialen Wohnungsbau wurde deshalb für die Effizienzanalyse die Form des Aufwendungszuschusses gewählt. Er wird als verlorener Zuschuß gewährt.

Wirkung auf den Wohnungsmarkt

Seit 1940 wurden im Rahmen des sozialen Wohnungsbaus (1. und 2. Förderweg) in der ehemaligen Bundesrepublik Deutschland rund 40 % aller Neubauwohnungen errichtet. So entstanden rund 5,2 Mill. soziale Mietwohnungen und ca. 2,5 Mill. Eigentümerwohnungen.[1] An diesen Zahlen wird die Bedeutung des sozialen Wohnungsbaus insgesamt ersichtlich. Auch die Anzahl der geförderten Eigentümerwohneinheiten, das sind rund 25 % des Eigentümerwohnungsbestands, hat mit Sicherheit einen erheblichen Einfluß auf das Wohnungsmarktgeschehen gehabt und hat es als Beitrag zur Wohnungsversorgung auch heute noch.

Seit 1986 jedoch hat der Bund die Mittel für den sozialen Wohnungsbau stark zurückgenommen, sich aus der Förderung des Mietwohnungsbaus sogar gänzlich zurückgezogen. (Daß seit 1990 in einer vollen Kehrtwendung wieder erhebliche Finanzmittel für den sozialen Wohnungsbau bereitgestellt werden, macht deutlich, daß der damalige Rückzug auf einer Fehleinschätzung von Marktlage und Marktentwicklung beruhte.)

Insgesamt 41.000 Wohnungen wurden im Jahr 1987 noch direkt gefördert, davon rund 11.500 Eigentümerwohnungen im 1. Förderweg, das sind ganze 5 % der Fertigstellungen im Wohnungsbau dieses Jahres. Für die Wohnungsmärkte spielt diese Art der Eigentumsförderung, am Ergebnis gemessen, also keine große Rolle mehr.

---

[1] Vgl. Hamm, H., Der soziale Wohnungsbau 1987/88, in: Bundesbaublatt, Heft 10, 1988.

Nicht bekannt ist jedoch, ob die untergeordnete Bedeutung auf mangelndes Interesse oder mangelnde Berechtigung potentieller Eigentumserwerber zurückzuführen ist oder ob nicht vielmehr die nur äußerst beschränkt zur Verfügung gestellten Mittel den Rückgang verursacht haben.

Effizienz des Aufwendungszuschusses für Eigentümer

Um die Effizienz dieses wohnungspolitischen Instruments überprüfen zu können, mußte,damit die oben angesprochene Problematik einer begrenzten Mittelbereitstellung ausgeschaltet ist, angenommen werden, daß jeder berechtigte und interessierte Haushalt einen den gesetzlichen Regelungen entsprechenden Aufwendungszuschuß beim erstmaligen Eigentumserwerb erhält. Die Einkommensobergrenzen, die die Berechtigung abgrenzen, wurden, wie in § 25 des zweiten Wohnungsbaugesetzes festgelegt, beibehalten. Sonderbestimmungen, bestimmte Personen- oder Haushaltsgruppen betreffend, konnten nicht berücksichtigt werden, weil viele der dort niedergelegten Haushaltscharakteristika nicht zur Haushaltstypisierung des Simulationsmodells verwendet wurden.

Erhöhen die Gebietskörperschaften ihre Ausgaben für den Lastenzuschuß im 1. Förderweg um insgesamt 1 Mrd. DM, so kann jeder berechtigte Haushalt bei Erwerb eines Neubaueigentums einen Zuschuß von 1,46 DM pro qm Wohnfläche und pro Monat erhalten. Dieser Betrag erscheint pro Haushalt relativ gering - hat die erworbene Wohnung beispielsweise 100 qm Wohnfläche, werden die monatlichen Belastungen mit nur 146 DM bezuschußt. Vor allem im Vergleich zum oben analysierten Lastenzuschuß nach dem Wohngeldgesetz in Höhe von immerhin 399 DM, müßte man von der nur geringfügigen Reduzierung der Wohnkosten eigentlich auch nur wenig Reaktion der Wohnungsnachfrager erwarten. Berücksichtigt werden muß bei diesen Überlegungen jedoch, daß der zum Aufwendungszuschuß berechtigte Personenkreis wesentlich größer ist als der Wohngeld-berechtigte Kreis. Die für die Inanspruchnahme des 1. Förderwegs maßgeblichen Einkommensgrenzen liegen erheblich über den Wohngeld-Obergrenzen; so kann beispielsweise ein großer Haushalt bis zu einem monatlichen Einkommen (nach einer Reihe von Abzügen) von fast 5.300 DM noch immer förderungsberechtigt sein, selbst wenn auf ihn keine der die Grenzen erhöhenden Sonderbestimmungen zutrifft. Allein aus diesem Grund ist zu erwarten, daß die Wirkung dieser politischen Maßnahme die des Wohngelds übertrifft.

Der um 1 Mrd. DM erhöhte staatliche Aufwand im 1. Förderweg für Eigentümer

- erhöht die Eigentümerquote um 0,50 %
- und senkt die Unterversorgungsquote um 0,42 %.

Die Wirkung dieser Maßnahme auf beide Kriterien ist also erheblich und liegt entsprechend der obigen Hypothese über den Wirkungen des Lastenzuschusses.

Eine Differenzierung der Relevanz nach Regionen und Haushaltsgruppen zeigt unterschiedliche Veränderungen der beiden Effizienzkriterien, wobei ein Teil in die politisch betonte Zielrichtung weist, ein anderer eher den Absichten widerspricht:

Relative Veränderung von Eigentümer- und Unterversorgungsquote
(nach Regionen)

	Eigentümer-quote	Unterversorgungs-quote
Große Verdichtungsräume	+ 0,59 %	- 0,40 %
Regionen mit Verdichtungsansätzen	+ 0,37 %	- 0,44 %
Land	+ 0,36 %	- 0,54 %.

Die Eigentümerquote steigt in den Ballungsgebieten, wie erwünscht, stärker als in anderen Regionen, jedoch verbessert sich die Wohnraumversorgung am stärksten auf dem Land, wo sie ohnehin schon vergleichsweise gut ist.

Nach Einkommenskategorien gegliedert nimmt die Steigerung der Eigentümerquote mit der Höhe der Einkommen ab, weil für viele Haushalte mit höheren Einkommen der Zugang zu dieser Förderung verschlossen ist. Diese Veränderung entspricht der politischen Intention, die Eigentümerquote dort zu steigern, wo sie am niedrigsten ist. Eine ähnliche, also auch politischen Wünschen entsprechende Differenzierung erfährt die Veränderung der Unterversorgungsquote: Haushalte der Einkommensoberschichten reduzieren ihre relative Unterversorgung nur noch geringfügig.

Differenziert man die Wirkungen des 1. Förderwegs nach der Anzahl der Kinder im Haushalt:

Relative Veränderung von Eigentümer- und Unterversorgungsquote
(nach der Kinderzahl im Haushalt)

	Eigentümerquote	Unterversorgungsquote
keine Kinder	+ 0,43 %	0 %
1 bis 2 Kinder	+ 0,52 %	- 0,46 %
3 und mehr Kinder	+ 0,33 %	- 0,16 %

so zeigt sich, daß diese Maßnahme, abweichend vom Lastenzuschuß, nicht mehr die Eigentumsbildung kinderreicher Familien stärker begünstigt, obwohl die Zugangsregeln an der Haushaltsgröße ausgerichtet sind. Im Gegenteil reagieren kinderreiche Haushalte auf den Aufwendungszuschuß weit weniger als Kleinhaushalte. Das gilt in ähnlicher Weise für die Verbesserung der Wohnraumversorgung.

Zusammenfassend kann der Aufwendungszuschuß im 1. Förderweg durchaus als sinnvolles Instrument zur Erreichung politischer Ziele angesehen werden, obwohl er die politischen Detailwünsche bezüglich bestimmer Haushaltsgruppen nicht voll berücksichtigt.

(4) *Degressive Abschreibung nach § 10 e EStG*

Steuerliche Regelungen

Mit dem Gesetz zur Neuregelung der steuerrechtlichen Förderung des selbstgenutzten Wohneigentums (Wohneigentumsförderungsgesetz) vom 15. Mai 1986 wurde der § 10 e in das Einkommensteuergesetz eingefügt. Er trägt den Titel "Steuerbegünstigung der zu eigenen Wohnzwecken genutzten Wohnung im eigenen Haus" und löst den § 7 b, der bis dahin die steuerliche Abschreibung regelte, ab. Mit Installierung des § 10 e wurde die bis dahin geführte Diskussion um die Entscheidung zwischen Konsumgut- oder Investitionsgutlösung im Steuerrecht abgeschlossen. Entstanden ist mit dem § 10 e ein Zwitter zwischen beiden steuersystematischen Regelungen, und zwar insofern, als der Staat die Abschreibung nach Art von Investitionsgütern regelt, die Nutzung aber wie die von Konsumgütern unversteuert läßt. Dennoch ist die Wirkung des § 10 e als neue Subventionierung zu verstehen, als Förderung der Wohneigentumsbildung.

Auf die steuerliche Abschreibung der Herstellungs- oder Erwerbskosten eines neuerbauten oder gebrauchten Wohneigentums besteht ein Rechtsanspruch. Die seit 1987 gültigen Regelungen begrenzen die der Abschreibung zugrundegelegten Kosten - zuzüglich der Hälfte der Anschaffungskosten für den dazugehörigen Grund und Boden - auf eine Abschreibungssumme von maximal 15.000 DM im Jahr oder 5 % der relevanten Herstellungs- bzw. Erwerbskosten. Abgeschrieben werden dürfen über einen Zeitraum von 8 Jahren insgesamt 40 % bzw. maximal 120.000 DM. Die Abzugsbeträge werden im Rahmen der Sonderausgaben vom zu versteuernden Einkommen abgezogen. Jede erwachsene Person hat nur einmal im Leben Anspruch auf diese Förderung. Die durchschnittliche Steuerersparnis im gesamten Förderzeitraum dürfte ca. 50.000 DM pro Eigentumserwerber betragen. Schon im Einführungsjahr des § 10 e EStG 1987 kostete den Staat diese Art der Eigentumsförderung 1,1 Mrd. DM, und zwar in Form von Steuermindereinnahmen. Rechnet man die Steuerverzichte aus dem auslaufenden § 7 b EStG, dem Vorläufer, hinzu, so hat der Staat 1987 insgesamt rund 5,1 Mrd. DM für diese Eigentumsfördermaßnahme aufgewendet. Allein aus der Höhe dieser Summe läßt sich darauf schließen, daß es sich um ein gewichtiges Instrument handelt, daß mit Sicherheit einen erheblichen Einfluß auf das Wohnungsmarktgeschehen hat. 1987 haben rund 2,4 Mill. Haushalte die Förderung in Anspruch genommen, mehr als die Hälfte dieser Haushalte für den Kauf einer gebrauchten Wohneinheit.

Dadurch, daß die jährliche Abschreibungssumme vom zu versteuernden Einkommen abgezogen wird, differiert die erzielte Steuerersparnis erheblich mit dem Einkommen der Haushalte: Da die Lohn- und Einkommensteuertarife nach einer Proportionalstufe ab mittlerer Einkommenshöhe progressiv gestaltet sind, steigt die Steuerersparnis des Einzelhaushalts mit der Einkommenshöhe überproportional an. Umgekehrt wird eine - im Extrem - das Einkommen (bzw. das über die üblichen Freibeträge hinausgehende Einkommen) übersteigende Abschreibungssumme nicht mehr finanziell wirksam, d.h. eine eventuell anfallende Negativsteuer wird nicht ausgezahlt.

Diese Eigentumsförderungsmaßnahme bevorzugt also Eigentumserwerber der Einkommensoberschichten, eine Kategorie von Haushalten, die ohnehin schon eine hohe Eigentümerquote aufweist.

Weil darüber hinaus die einkommensteuerrechtlichen Regelungen keinerlei regionale Differenzierung vorsehen, bevorzugt das Instrument Haushalte, die auf dem Land leben, stärker als die in den Ballungsgebieten. Die maximal absetzbaren

Abschreibungsbeträge gelten einheitlich für die gesamte Bundesrepublik Deutschland, so daß Haushalte in Regionen mit niedrigen Erwerbskosten einen höheren Wohnkonsum steuerlich gefördert realisieren können als Haushalte in Gebieten mit hohen Preisen.

Diese Überlegungen werden heute ambivalent diskutiert; ein zwischen raumordnungs- und wohnungspolitischen Zielen schwelender Konflikt wird nicht offengelegt und ist deshalb auch nicht gelöst: Raumordnungspolitisch will man - unter anderem durch Nichteingreifen in die Preisentwicklung - den weiteren Zuzug in die attraktiven Balllungsgebiete begrenzen, wohnungspolitisches Ziel bleibt aber, die Eigentümerquote gerade in den Ballungsgebieten, in denen ja weit unterdurchschnittliche Anteile selbstnutzender Eigentümer leben, anzuheben. Die bundesweit undifferenzierte Gestaltung des § 10 e EStG spricht eher dafür, daß raumordnungspolitische Gesichtspunkte priorisiert werden.

Effizienz des § 10 e EStG

Für die Effizienzanalyse wurden die im Jahr 1987 geltenden steuerrechtlichen Regelungen beibehalten. Nicht geändert wurden also die Obergrenzen für den abschreibungsfähigen Betrag aus Kauf oder Erwerb von Wohneigentum. Dieser Betrag wird, wie gesetzlich festgelegt, vom zu versteuernden Einkommen abgezogen. Die Simulation ermittelt die Wirkung von um 1 Mrd. DM verminderten Steuereinnahmen des Staates in einem Jahr, also die Wirkung auf die Hauhalte im Jahr des potentiellen Erwerbs. 1 Mrd. DM zusätzlicher Einnahmenverlust sind konstruiert über eine Erhöhung der Abschreibungssätze von 5 auf 7,6 %. Die daraus resultierende Steuerersparnis vermindert im Modell die monatliche Belastung der Haushalte aus Erwerb von Neu- oder Gebrauchteigentum.

Eine Erhöhung der Abschreibungssätze auf 7,6 % hat zur Folge, daß

- die Eigentümerquote um 0,56 % ansteigt und
- die Unterversorgungsquote um 0,27 % fällt.

Erhöhte staatliche Steuerverzichte im Rahmen des § 10 e EStG haben eine relativ starke Wirkung auf die Eigentumsbildung privater Haushalte. Der Staat könnte also auf diesem Weg sein Ziel, die Wohneigentumsquote zu erhöhen, erreichen. Die Effizienzanalyse liefert damit eine quantitativ abgestützte Rechtfertigung für den Erfolg der heute praktizierten Maßnahme. Die Wirkung dieses Instruments auf die Unterversorgungsquote bleibt jedoch hinter der Effizienz der bisher betrachteten sozial ausgestalteten Maßnahmen zurück.

Obwohl, wie oben argumentiert, der § 10 e EStG keine regionale Komponente enthält, entfaltet er seine höchste Wirkungsstärke in den Ballungsgebieten:

Relative Veränderung von Eigentümer- und Unterversorgungsquote (nach Regionstypen)

	Eigentümer-quote	Unterversorgungs-quote
Große Verdichtungsräume	+ 0,81 %	- 0,29 %
Regionen mit Verdichtungs-ansätzen	+ 0,30 %	- 0,19 %
Land	+ 0,35 %	- 0,24 %.

Das mag daran liegen, daß zwar die als maximal vorgegebenen Abschreibungsbeträge einen Teil der Erwerbskosten von Familienheimen in Ballungsgebieten nicht abdecken, jedoch die in diesen Regionstypen relativ häufig gewählte Form von Geschoßeigentum möglicherweise voll berücksichtigt werden kann.

Eine Aufgliederung der Wirkungen des § 10 e EStG nach Einkommenskategorien belegt die anfangs geäußerte Argumentation:

Relative Veränderung von Eigentümer- und Unterversorgungsquote
(nach Einkommenskategorien in DM)

		Eigentümer-quote	Unterversorgungs-quote
bis	1.104	0 %	0 %
1.105 -	1.656	0 %	0 %
1.657 -	2.761	+ 0,65 %	0 %
2.762 -	3.454	+ 0,57 %	- 0,35 %
3.455 -	4.142	+ 0,87 %	- 0,38 %
4.143 -	5.524	+ 0,77 %	- 0,43 %
5.525 und mehr		+ 0,42 %	0 %.

Unterhalb eines verfügbaren Haushaltseinkommens von ca. 2.000 DM kann der § 10 e EStG keine Wirkung haben. Auf den ersten Blick überraschenderweise wirkt er aber keineswegs in den höchsten Einkommenskategorien am stärksten. Das ist sicherlich darauf zurückzuführen, daß in diesen Gruppen das selbstgenutzte Wohneigentum schon sehr weit verbreitet ist. Nach der Kinderzahl differenziert wird noch einmal sichtbar, daß die soziale Komponente bei der Ausgestaltung des § 10 e EStG zu kurz kommt:

Relative Veränderung von Eigentümer- und Unterversorgungsquote
(nach der Kinderzahl im Haushalt)

	Eigentümer-quote	Unterversorgungs-quote
keine Kinder	+ 0,86 %	0 %
1 bis 2 Kinder	+ 0,35 %	- 0,23 %
3 und mehr Kinder	+ 0,33 %	0 %.

Dieser Mangel wird offensichtlich auch nicht durch die 1982 eingeführten steuerlichen Regelungen zum sogenannten Baukindergeld, § 34 f EStG, die ja an die

Inanspruchnahme der Förderung nach § 10 e EStG gebunden sind, ausgeglichen. In der Modell-Simulation des § 10 e EStG ist die 1987 gültige Form des Baukindergelds, darauf sei hier noch einmal hingewiesen, berücksichtigt. Die Wirkungsstärke des Baukindergelds selbst wird jedoch isoliert unten analysiert.

(5) *Schuldzinsenabzug von der Steuerschuld*

Diskussion um den Schuldzinsenabzug

Die Zulassung eines Abzugs der Schuldzinsen von der Steuerschuld wurde in der Vergangenheit bis heute nicht als wohnungspolitisches Instrument praktiziert. Trotzdem taucht diese Variante des Schuldzinsenabzugs, neben der des Abzugs vom zu versteuernden Einkommen (vgl. (6)), immer wieder in der fachlichen Diskussion auf. Fürsprecher einer derartigen Eigentumsförderung weisen mit Nachdruck auf einige Vorteile der Maßnahme hin, die alle anderen Arten von Eigentumsförderung nicht mit sich bringen. Da wird zuerst die soziale Treffsicherheit genannt, denn ein Abzug von der Steuerschuld vermeidet die unsoziale, weil aus der Steuerprogression bedingte, höhere Wirkung des § 10 e EStG bei hohem Einkommen. Die angesprochene soziale Wirkung kann in vollem Ausmaß allerdings nur dann eintreten, wenn der Gesetzgeber die Auszahlung der sogenannten Negativsteuer vorsieht; d. h., daß Haushalten, deren Steuerschuld niedriger ist als der aus Eigentumserwerb resultierende Schuldzinsenbetrag, die Differenz vom Staat direkt gezahlt wird. Weiter entfiele die relative Diskriminierung der Haushalte, die ihren Eigentumserwerb mit nur geringem Eigenkapital finanzieren können; zu dieser Gruppe werden insbesondere junge Haushalte gerechnet, denen eine spezielle Fürsorgepflicht der Wohnungspolitiker gilt. Die Förderung über den Schuldzinsenabzug wäre besser auf die tatsächlich aufgetretene Belastung abgestimmt, die sich nicht nur aus der Höhe des Eigenkapitals, sondern auch aus dem regionalen Preisniveau ergibt. Des weiteren können auch Steigerungen des Kapitalmarktzinses, die potentielle Eigentumserwerber sehr empfindlich berühren, ohne zusätzliche Eingriffe abgefedert werden usw..

Diesen Argumenten für einen Schuldzinsenabzug werden im allgemeinen folgende Argumente entgegengehalten: Die Förderung des Wohneigentums verfolgt neben Zielen der Vermögensbildung und der breiten Streuung von Eigentum auch den Zweck, möglichst viel privates Kapital in den Wohnungsmarkt zu lenken. Läßt man jedoch den Abzug von Schuldzinsen zu, so schafft man eher einen Anreiz, vermehrt Fremdkapital zur Finanzierung des Wohneigentums aufzunehmen und damit den Kapitalmarkt zu belasten. Aus dem gleichen Grund entfiele der Zwang zum Vorsparen, um zunächst eine ausreichende Eigenkapitalbasis zu schaffen. Darüber hinaus wird im allgemeinen dem Vorsparzwang ein erzieherischer Effekt zugesprochen.

Neben diesen Für- und Wider-Argumenten läßt sich vermuten, daß der Staat jede Art von Schuldzinsenabzug für selbstnutzende Eigentümer möglichst vermeiden will. Denn die Berücksichtigung der Schuldzinsen bringt die Eigentumsförderung sehr nahe an die wiederholt abgelehnte Investitionsgutlösung heran, und eine Gleichstellung selbstnutzender Eigentümer mit Investoren in den Mietwohnungsbau müßte die immer noch bestehenden Abweichungen zwischen beiden unerklärlich werden lassen. Im Gegensatz zu selbstnutzenden Eigentümern zahlt nämlich der Mietwohnungseigner von Anfang an sozusagen Nutzungswertsteuer, d.h. er muß die Einkünfte aus Vermietung und Verpachtung im Gegenzug zu den Abschreibungs- und Absetzungsmöglichkeiten versteuern. Ist die Mietwohnung entschuldet, so erzielt der Staat aus dieser Investition Steuereinnahmen. Demgegenüber wird das Konsumgut des selbstnutzenden Eigentümers keiner Besteuerung unterworfen.

Effizienz des Schuldzinsenabzugs von der Steuerschuld

Simuliert wurde die Wirkung eines staatlichen Instruments, das allen Neuerwerbern von Gebraucht- und Neubaueigentum zur Selbstnutzung - zusätzlich zu den 1987 gültigen Förderungsmaßnahmen - den Abzug der aus Fremdkapitalaufnahme resultierenden Schuldzinsen von der Steuerschuld erlaubt. Der Simulation liegt die im Wohnungnachfragemodell verankerte und empirisch ermittelte übliche Finanzierungsstruktur des Wohneigentumserwerbs zugrunde: 56 % der Erwerbskosten werden durch Fremdkapitalaufnahme finanziert, dieses Fremdkapital setzt sich zusammen aus 60 % Hypothek und 40 % Bauspardarlehen. Um die hier zu quantifizierende Effizienz mit der der anderen analysierten Instrumente vergleichen zu können (staatlicher Einsatz von 1 Mrd. DM), mußte der Schuldzinsenabzug auf 16 % der tatsächlich anfallenden Schuldzinsen begrenzt werden. Sogenannte Negativsteuern werden nicht ausbezahlt.

1 Mrd. DM zusätzlicher Steuerverzichte des Staates durch Einführung des Schuldzinsenabzugs von der Steuerschuld führen zu

- einer Steigerung der Eigentümerquote um 0,58 %
- und einer Senkung der Unterversorgungsquote um 0,32 %.

Der Einsatz dieses wohnungspolitischen Instruments führt die Wohnungsversorgung relativ stark an die Ziele des Zweiten Wohnungsbaugesetzes heran, und zwar sowohl die Eigentumsbildung, als auch die Versorgung mit Wohnraum betreffend.

Der Schuldzinsenabzug von der Steuerschuld wirkt mit Abstand am stärksten in Ballungsgebieten

Relative Veränderung von Eigentümer- und Unterversorgungsquote (nach Regionen)

	Eigentümerquote	Unterversorgungsquote
Große Verdichtungsräume	- 0,86 %	- 0,40 %
Regionen mit Verdichtungsansätzen	- 0,30 %	- 0,19 %
Land	+ 0,36 %	- 0,30 %

und verbessert dort, wo die relativ schlechteste Ausgangssituation zu finden ist, die Wohnungsversorgung spürbar.

Auf Haushalte der untersten Einkommenskategorien kann diese Maßnahme keinen Einfluß haben, weil deren Steuerschuld niedriger ist als die Belastung mit Schuldzinsen und weil Negativsteuern ausgeschlossen wurden. Hier wäre mit einer Umgestaltung der Regelungen sicherlich ein Effekt in die gewünschte Richtung zu erzielen.

So wie simuliert wurde, zeigen sich die höchsten Erfolge bei mittleren Einkommen und nehmen mit weiter steigenden Einkommen wieder ab.

Differenziert man die Wirkungen nach der Kinderzahl der Haushalte, so läßt sich ein den wohnungspolitischen Absichten zuwiderlaufender Effekt ausmachen:

Relative Veränderung von Eigentümer- und Unterversorgungsquote
(nach Zahl der Kinder im Haushalt)

	Eigentümer-quote	Unterversorgungs-quote
keine Kinder	+ 0,64 %	0 %
1 bis 2 Kinder	+ 0,52 %	- 0,23 %
3 und mehr Kinder	+ 0,33 %	0 %.

Bezüglich der Eigentumsbildung reagieren kinderlose Haushalte überdurchschnittlich stark auf die Möglichkeit eines Schuldzinsenabzugs von der Steuerschuld. Für kinderreiche Haushalte ist offenbar die Förderung weniger attraktiv.

(6) *Schuldzinsenabzug vom zu versteuernden Einkommen*

Wirkung auf den Wohnungsmarkt

Auch diese Variante des Schuldzinsenabzugs wird momentan in der Wohnungspolitik nicht eingesetzt. Zu Beginn der achtziger Jahre (1982) wurde jedoch eine Abart befristet praktiziert, allerdings mit der Begrenzung auf maximal 10.000 DM pro Jahr und nur für drei Jahre insgesamt. Eine empirisch gestützte Analyse der Auswirkungen dieser vorübergehenden zusätzlichen Förderung ist mangels Daten nicht möglich, jedoch läßt sich aus einer ganzen Reihe von Einzelinformationen (z.B. Steuermindereinnahmen, Verkaufsfälle nach Ring deutscher Makler, Auswertungen der Finanzierungsinstitute, insbesondere der Bausparkassen) die Vermutung bilden, daß nachfragende Haushalte in beachtlichem Ausmaß auf diese zusätzliche Eigentümersubvention reagiert haben. Die Zulassung des Schuldzinsenabzugs vom Einkommen steht wie die Variante des Abzugs von der Steuerschuld mit ganz ähnlichen Argumenten seit Jahren in der öffentlichen Diskussion. Jedoch können hierbei nicht die sozialen Wirkungen als Vorteile angeführt werden. Denn im Gegenteil hat der Schuldzinsenabzug vom Einkommen die bekannten unsozialen Folgen. Auch hier gilt, wie bei der Eigentumsförderung nach § 10 e EStG: Je höher das Einkommen, desto höher die Steuerersparnis. Prinzipiell ist also von diesem staatlichen Instrument die gleiche Wirkung zu erwarten wie vom § 10 e EStG.

Effizienz des Schuldzinsenabzugs vom Einkommen

Im Rahmen der Effizienzberechnung wurde für alle Erwerber von Bestands- und Neubaueigentum zur Selbstnutzung - wie bei jedem Instrument: zusätzlich zu den im Jahr 1987 geltenden Maßnahmen - zugelassen, die ihnen aus Fremdkapitaldienst entstehenden Schuldzinsen vom steuerlichen Einkommen abzuziehen. Vorgegeben durch eine staatliche Aufwendung von insgesamt 1 Mrd. DM wurde der Abzug auf 59 % der jeweils anfallenden Schuldzinsen begrenzt.

Dieses Instrument der Eigentumsförderung hat folgende Wirkung auf die Wohnungsnachfrage:

- Erhöhung der Eigentümerquote um 0,56 %
- und Verminderung der Unterversorgungsquote um 0,32 %.

Global gesehen, d.h. im Durchschnitt aller westdeutschen Bundesländer, wirkt ein Schuldzinsenabzug vom Einkommen ähnlich stark wie zusätzliche Aufwendungen im Rahmen des § 10 e EStG und des Schuldzinsenabzugs von der Steuerschuld. Die zu erzielende Steuerersparnis senkt, wenn auch in unterschiedlichem Ausmaß für die verschiedenen Haushaltsgruppen, die monatliche Belastung aus Eigentumserwerb in ähnlichem Umfang. Und wie bei der Förderung über die beiden anderen Instrumente werden Einkommensschwächere von dieser Maßnahme überhaupt nicht berührt:

Relative Veränderung der Eigentümer- und Unterversorgungsquote (nach Einkommenskategorien in DM)

	Eigentümerquote	Unterversorgungsquote
bis 1.104	0 %	0 %
1.105 -1.656	0 %	0 %
1.657 -2.761	+ 0,65 %	- 0,35 %
2.762 -3.454	+ 0,57 %	- 0,75 %
3.455 -4.142	+ 0,87 %	- 0,43 %
4.143 -5.524	+ 0,77 %	- 0,43 %
5.525 und mehr	+ 0,42 %	- 0,56 %.

Die relativ stärksten Wirkungen entfaltet der Schuldzinsenabzug vom Einkommen in den höheren Einkommensklassen. Hier, wie auch bei den anderen Maßnahmen der steuerlichen Eigentumsförderung, muß man wohl davon ausgehen, daß die Steuerersparnis zwar mitgenommen wird ("Mitnahmeeffekt"), daß jedoch die

Entscheidung zum Eigentumserwerb häufig auch ohne die staatliche Förderung gefallen wäre. Das läßt sich u.a. dadurch stützen, daß der Anstieg der Eigentümerquote als Folge einer zusätzlichen Förderung in den oberen Schichten mit steigenden Einkommen niedriger wird: Der Nutzen der Eigentumsförderung ist hier geringer. Wie oben schon angesprochen, rührt diese differenzierte Reaktion nachfragender Haushalte natürlich auch daher, daß die Versorgung mit Wohneigentum in den oberen Einkommenskategorien schon relativ hoch ist. Welcher der beiden Einflüsse nun überwiegend für die nachlassende Wirkung der Förderung bei Haushalten der Einkommensoberschichten verantwortlich ist, läßt sich zweifelsfrei nicht feststellen.

Die Konzentration der Betrachtung auf die Entwicklung der Eigentümerquote verdeckt alle Nachfrageprozesse des Umsteigens von einem Wohneigentum auf ein anderes (was ja Ehepaare durchaus einmal im Leben tun können, ohne ihre Förderungsberechtigung zu verlieren). Dieses Umsteigen, beispielsweise von Geschoßwohnung zum Familienheim, verbessert sicherlich die Wohnungsversorgung der betreffenden Haushalte. Und wenn dabei der Wohnraum den politisch anerkannten Bedürfnissen entsprechend vergrößert wird, schlägt sich dieses - in der Eigentümerquote nicht sichtbar werdende Umsteigen - zumindest in einer Verminderung der Unterversorgungsquote nieder. Der beschriebene Vorgang zeigt sich offensichtlich in der obersten Einkommenskategorie, in der eine relativ geringfügige Erhöhung der Eigentümerquote einer relativ starken Verminderung der Unterversorgungsquote gegenübersteht. Der Staat erreicht also in diesen Fällen noch eine wohnungspolitisch erwünschte Wirkung. Allerdings fördert er darüber hinaus auch eine steigende Wohnflächennachfrage der Haushalte, die heute als überversorgt bezeichnet werden, d. h. die mehr Zimmer in Anspruch nehmen als der Haushalt Mitglieder hat. Und hier, das ist besonders hervorzuheben, ist eine Subventionierung nicht angebracht.

Nach der Kinderzahl der Haushalte differenziert zeigt sich eine kräftige Wirkung des Schuldzinsenabzugs vom Einkommen bei kinderlosen Haushalten, die ebenso wie bei den anderen steuerlichen Fördermaßnahmen durch das Baukindergeld nicht ausgeglichen wird:

Relative Veränderung der Eigentümerquote
(nach der Kinderzahl im Haushalt)

keine Kinder	+ 0,64 %
1 bis 2 Kinder	+ 0,52 %
3 und mehr Kinder	+ 0,33 %.

Kinderreiche Haushalte reagieren relativ schwach auf dieses Instrument; ihre Wohnraumversorgung wird überhaupt nicht berührt (keine Verminderung der Unterversorgungsquote).

In der regionalen Gliederung wirkt diese Form des Schuldzinsenabzugs in ähnlich unterschiedlicher Stärke wie die anderen steuerlichen Maßnahmen: Eine relativ hohe Wirkungsstärke in den Ballungsgebieten läßt sich einerseits zurückführen auf die dort höheren Erwerbspreise, andererseits auch darauf, daß dort nachfragende Haushalte einen geringeren Eigenkapitalanteil zur Verfügung stellen können als die Haushalte anderer Regionen.

(7) *Baukindergeld*

Regelungen zum Baukindergeld

Mit dem 2. Haushaltsstrukturgesetz vom 22.12.1981 wurde in der ehemaligen Bundesrepublik Deutschland eine neuartige Förderung des Wohneigentumserwerbs eingeführt, und zwar als ergänzende "Kinderkomponente" der einkommensteuerlichen Maßnahme nach § 7 b EStG. Das Baukindergeld wird nach § 34 f EStG neuen Erwerbern von Gebraucht- und Neubaueigentum zur Selbstnutzung, die eine entsprechende steuerliche Grundförderung in Anspruch nehmen, als Abzug von der Steuerschuld gewährt. Die Kinderkomponente kann in jedem Fall nur für eine selbstgenutzte Wohneinheit beansprucht werden, auch wenn ein Ehepaar die Grundförderung ein zweites Mal erhält. Das Baukindergeld wird wie die Grundförderung über einen Zeitraum von maximal acht Jahren berücksichtigt. Eine Auszahlung der sogenannten Negativsteuer ist nicht vorgesehen.

Mit dem Wohneigentumsförderungsgesetz vom 15. Mai 1986 wurde die Kinderkomponente in Höhe von 600 DM auf jedes Kind eines Haushalts ausgedehnt und die Gewährung an die Grundförderung nach § 10 e EStG gekoppelt.

Wirkung auf den Wohnungsmarkt

Die staatlichen Steuermindereinnahmen aus der Gewährung von Baukindergeld sind im Vergleich zur übrigen Eigentumsförderung gering:

	Mill. DM
1984	335
1985	410
1986	485
1987	655
1988	825

Quelle: Subventionsberichte der Bundesregierung

Jedoch begünstigen 600 Mill. DM immerhin den Eigentumserwerb von Familien mit insgesamt 1 Mill. Kindern. Und die staatliche Förderung senkt die Steuerschuld - wie beim Schuldzinsenabzug von der Steuerschuld - direkt, aber im Gegensatz zum Schuldzinsenabzug gleichmäßig, nämlich unabhängig von Erwerbspreisen und Finanzierungsstruktur. Insofern geht von dieser Maßnahme auch eine andere Marktwirkung aus: Eine einkommensschwache Familie mit relativ hohem Eigenkapitalbetrag kann auch bei preisgünstigem Erwerb eine Steuerersparnis erzielen, die möglicherweise höher liegt als die Wirkung aller anderen steuerlichen Fördermaßnahmen. Natürlich kann dieses Instrument nur bei Haushalten mit Kindern eine Wirkung erzielen. Dabei ist zu berücksichtigen, daß der Anteil kinderloser Haushalte 1987 in Westdeutschland bei knapp unter 40 % lag, so daß die Effizienz dieses Instruments im Durchschnitt nicht sehr hoch sein kann.

Effizienz des Baukindergeldes

Die gesetzlichen Regelungen zur Gewährung des Baukindergeldes wurden in der Simulation dieses Instruments, wie oben dargestellt, beibehalten. Danach erhalten alle Erwerber von Neubau- und Gebrauchteigentum zur Selbstnutzung, die Kinder haben und die Grundförderung in Anspruch nehmen, die Kinderkomponente für jedes Kind direkt von der Steuerschuld abgezogen. Dadurch tritt, wie bei den anderen Instrumenten auch, eine Verminderung der monatlichen Belastung aus dem Eigentumserwerb ein. Die simulierten staatlichen Mehraufwendungen in Höhe von insgesamt 1 Mrd. DM führen, weil die Anzahl der Eigentumsinteressenten mit Kindern nur klein ist, zu einem außerordentlich hohen Baukindergeld, im Einzelfall nämlich 2.450 DM pro Kind. Ein die Steuerschuld übersteigender Betrag (Negativsteuer) wird, wie gesetzlich vorgeschrieben, nicht ausgezahlt.

Eine staatliche Förderung in dieser Höhe

- erhöht die Eigentümerquote um 0,38 %
- und vermindert die Unterversorgungsquote um 0,16 %.

Wie zu erwarten war, liegt die Wirkungskraft dieser Maßnahme global eher niedrig, ihre Effizienz erreicht, über alle Haushalte der westdeutschen Bundesländer gesehen, bei weitem nicht so hohe Werte wie andere Instrumente der Eigentumsförderung. Aus der unterschiedlichen Wirkung in der Differenzierung nach der Kinderzahl

Relative Veränderung von Eigentümer- und Unterversorgungsquote
(nach Anzahl der Kinder im Haushalt)

	Eigentümerquote	Unterversorgungsquote
keine Kinder	0 %	0 %
1 bis 2 Kinder	+ 0,88 %	- 0,23 %
3 und mehr Kinder	+ 2,36 %	+ 0,15 %

wird jedoch deutlich, daß der Staat eine nicht zu unterschätzende Wirkung in einer Richtung erzielt, die nicht nur wohnungs- , sondern auch familienpolitisch einen hohen Stellenwert hat. Es wird immer wieder darauf hingewiesen, daß Wohneigentum, insbesondere das Familienheim, für Haushalte mit Kindern die sozusagen "ideale" Wohnform darstellt, die der Entwicklung der Kinder möglichst wenig Beschränkungen auferlegt.

Zwar hat das Baukindergeld ganz erhebliche Effekte auf die Eigentumsbildung kinderreicher Haushalte, aber eine wohnungspolitisch geradezu unerwünschte Wirkung auf die Unterversorgungsquote: Der Anteil von Haushalten in - an sozialpolitischen Normen gemessen - zu kleinen Wohnungen steigt infolge eines erhöhten Baukindergeldes. Die Reaktion nachfragender Familien läßt sich jedoch erklären. Kinderreichen, sogar mit mittleren Einkommen, steht ein relativ geringerer Teil des Einkommens für den Wohnkonsum zur Verfügung als Haushalten mit keinen oder wenigen Kindern. Andererseits haben sie von der Anzahl der Personen her einen Bedarf an großen Wohnungen - gemäß den sozialpolitischen Normen - und darüber hinaus ein besonders starkes Interesse am Erwerb eines Eigenheims. Diese drei das Nachfrageverhalten Kinderreicher bestimmenden Einflüsse wirken grundsätzlich in gegensätzliche Richtungen, und zwar einerseits eine billige, kleine Wohnung wegen des beschränkten Einkommens zu wählen und andererseits ein großes, teures Eigenheim wegen der Kinder zu bevorzugen.

An den oben ausgewiesenen Werten für die Veränderungen von Eigentümer- und Unterversorgungsquote läßt sich erkennen, welchen Kompromiß kinderreiche Familien in diesem Dilemma schließen: Sie geben dem Wohneigentum die Priorität und nehmen eine gewisse Beengtheit wegen ihrer begrenzten Zahlungsfähigkeit in Kauf. Damit wird natürlich der Sinn des wohnungspolitischen Ziels, gerade für diese Haushaltsgruppe den Wohnraum zu vergrößern, in Frage gestellt.

Unter Nichtbeachtung der Auswirkungen auf die Wohnraumversorgung der Kinderreichen muß dieser Komponente der Eigentumsförderung ein hoher wohnungspolitischer Stellenwert zugeschrieben werden. Auch wenn das Baukindergeld im Durchschnitt aller Haushalte keine allzu große Wirkung erzielt, sollte dieses Instrument wegen seiner speziellen Effizienz im staatlichen Maßnahmenbündel erhalten bleiben.

Regional und nach Einkommenskategorien differenziert lassen sich keine wichtigen Unterschiede in der Effizienz dieses Instruments feststellen, weil beide Gliederungen überlagert werden von der Verteilung kinderreicher Haushalte auf die Regionen oder Kategorien:

Relative Veränderung der Eigentümerquote
(nach Regionstypen und Einkommenskategorien in DM)

Große Verdichtungsräume	+ 0,43 %
Regionen mit Verdichtungsansätzen	+ 0,16 %
Land	+ 0,19 %

bis 1.104	+ 0,27 %
1.105 -1.656	0 %
1.657 -2.761	+ 0,43 %
2.762 -3.454	+ 0,38 %
3.455 -4.142	+ 0,52 %
4.143 -5.524	+ 0,30 %
5.525 und mehr	+ 0,14 %.

Auffällig ist nur noch, daß selbst Haushalte der untersten Einkommenskategorie mit Hilfe des Baukindergelds Eigentum erwerben können. Hier wirkt der oben beschriebene Zusammenhang, insbesondere hoher Eigenkapitalanteil, preiswertes Eigentum, ganz besonders deutlich. Im Gegensatz zum Abzug der Schuldzinsen von der Steuerschuld, der sich für diese Haushaltsgruppe nicht lohnen dürfte, spielt der Ausschluß der Negativsteuer kaum eine Rolle.

(8) *Wohnungsbauprämie*

Regelungen der Bausparförderung

Eine staatliche Wohnungsbauprämie können Bausparer unter folgenden Bedingungen, geregelt im Wohnungsbauprämiengesetz, erhalten: Der Bausparer

- muß unbeschränkt einkommensteuerpflichtig sein,
- darf bestimmte Einkommensgrenzen nicht überschreiten,

- muß den Bausparvertrag für Wohneigentum verwenden.

Aufwendungen werden darüber hinaus nur bis zu einer Höchstgrenze anerkannt. 1987 gilt für Alleinstehende mit oder ohne Kinder eine maximal begünstigte Sparleistung von 800 DM im Jahr, auf die eine nach Anzahl der Kinder gestaffelte Prämie zwischen 14 und 20 % der Aufwendungen staatlicherseits ausgezahlt wird. Für Verheiratete wird eine Sparleistung bis 1.600 DM im Jahr mit analog geregelten Prämien begünstigt. Die Einkommenshöhe ist nach oben begrenzt auf 24.000 DM (Alleinstehende) bzw. 48.000 DM (Verheiratete) im Jahr, zu denen sich 1.800 DM pro Kinder addieren. 1989 wurde die Bausparprämie auf 10 % gesenkt, die Einkommensobergrenzen stiegen 1990.

Wirkung der Prämie auf den Wohnungsmarkt

Das Bausparen als solches hat eine große Bedeutung in den westdeutschen Bundesländern: Rund 80 % aller Eigentumserwerber finanzieren diesen Erwerb auch mit Bauspardarlehen. Bausparen systematisiert und organisiert die Bereitstellung von Eigenkapital für das angestrebte Wohneigentum.

Die staatliche Wohnungsbauprämie spielt demgegenüber eine nur geringe Rolle im Rahmen der Wohnungspolitik. Dazu weisen die staatlichen Aufwendungen für dieses Instrument bis heute eine rückläufige Entwicklung auf, die auf eine zunehmende Beschränkung des Berechtigtenkreises bei über lange Zeit unveränderten Einkommensobergrenzen zurückzuführen ist. 1987 belief sich das Volumen dieser staatlichen Subvention auf rund 870 Mill. DM.

In einer beispielhaften Berechnung wird der geringe Effekt der Bausparprämie auf den Eigenkapitalanteil, der üblicherweise beim Eigentumserwerb zur Verfügung stehen sollte, deutlich: Ein Einpersonen-Haushalt mit einem Einkommen unter 24.000 DM im Jahr erhält auf eine Sparleistung von 800 DM eine Prämie von 112 DM wiederum pro Jahr. Nach einer Ansparzeit von rund sieben Jahren summiert sich die Prämie einschließlich Zins und Zinseszins auf 884 DM. Ein Einkapitalanteil von 40 % an einem fiktiven Kaufpreis von 300.000 DM erhöht sich durch die Bausparförderung um nur 0,29 Prozentpunkte.

Effizienz der Bausparförderung

Der Einfluß der Wohnungsbauprämie auf die monatliche Belastung der Erwerber von Neubau- oder Gebrauchteigentum zur Selbstnutzung wurde den gesetzlichen Regelungen entsprechend konstruiert. Wie in obiger Beispielsrechnung sind die in sieben Jahren (durchschnittliche Zeitspanne bis zur Zuteilung) gezahlten Wohnungsbauprämienbeträge unter Berücksichtigung der Verzinsung kumuliert. Unter Beibehaltung von Einkommensobergrenzen, Höchstsparsummen und Hauhaltsgrößenstaffelung steht danach zum Zeitpunkt des Erwerbs eine jeweils unterschiedliche Summe zur Verfügung. Um diese Summe kann die Fremdkapitalaufnahme gesenkt werden.

Will der Staat 1 Mrd. DM mehr als bisher für die Bausparförderung aufwenden, müßte, unter Beibehaltung des Kreises der Berechtigten, die Wohnungsbauprämie um 10 % steigen.

Eine derartige zusätzliche Förderung hat zur Folge, daß

- die Eigentümerquote um 0,04 % steigt
- und die Unterversorgungsquote um 0,05 % fällt.

Die Effizienz dieses Instruments der Eigentumsförderung fällt unter anderem deshalb so außerordentlich geringfügig aus, weil die geringe Reduzierung des aufzunehmenden Fremdkapitals für die Eigentumsfinanzierung auf die monatliche Belastung aus Zins und Tilgung nur einen kleinen Einfluß hat.

In den Gliederungen der Effizienz nach Haushaltsmerkmalen lassen sich keine Werte mehr ausweisen. Die relativen Veränderungen sind nur unwesentlich verschieden von Null (3. Stelle hinter dem Komma).

Regional differenziert zeigt sich ein minimaler Unterschied in der Wirkung der Bausparprämie, und zwar ausschließlich am Kriterium der Eigentümerquote:

Relative Veränderung der Eigentümerquote
(nach Regionstypen)

Große Verdichtungsräume	+ 0,02 %
Regionen mit Verdichtungsansätzen	+ 0,03 %
Land	+ 0,03 %.

(9) *Grunderwerbsteuer*

Regelungen zur Grunderwerbsteuer

1983 wurde die Grunderwerbsteuer in der damaligen Bundesrepublik Deutschland reformiert. Vor der Reform wurde sie mit einem Satz von 7 % und zahlreichen Ausnahmeregelungen auf den Kauf von unbebauten und bebauten Grundstücken erhoben, nach 1983 wurden alle Sonderregelungen gestrichen und der Steuersatz auf 2 % vermindert. Darüber, ob diese heute noch so erhobene Grunderwerbsteuer eine wohnungspolitische Subvention enthält, besteht keine einheitliche Meinung. Geht man davon aus, daß sowohl der Grundstücksverkehr als auch der Gebäudekauf prinzipiell der Mehrwertsteuer unterliegen sollten (diesen Schluß kann man aus der 6. EG-Richtlinie zur Harmonisierung der Umsatzsteuern ziehen), so muß man schließen, daß der Staat mit der gültigen Regelung Steuereinnahmenverzichte übt. Nach der Steuersystematk wären von dieser Subvention jedoch Verkäufe zwischen Privatpersonen ausgenommen.

Wirkung auf den Markt

Eigentumserwerber lassen sich aufspalten in solche, die ein Grundstück erwerben und in eigener Bauherrenschaft ein Gebäude darauf errichten, und solche, die ein Gebäude oder eine Wohnung einschließlich Grundstück von einem Bauträger oder anderen erwerben. Je nach Erwerbsart fällt eine Grunderwerbsteuer in unterschiedlicher Höhe an.

Die beiden Erwerbsarten sind in anteilig verschiedener Stärke in den Regionstypen vertreten. Annäherungsweise kann man davon ausgehen, daß der Anteil derer, die ein unbebautes Grundstück erwerben,

in Ballungszentren 20 %,
im ländlichen Umland der Ballungskerne 40 %
und in allen übrigen Regionstypen rund 60 %

beträgt. Diese Eigentumserwerber führen an den Staat eine Grunderwerbsteuer von 2 %, ausschließlich auf den Grundstückswert bezogen, ab.

Die Grunderwerbsteuer, in welcher Höhe auch immer, wird zum Zeitpunkt des Erwerbs fällig und zählt zu den Herstellungskosten. Sie erhöht also nicht nur den Kaufpreis, sondern auch die für die steuerliche Eigentumsförderung anzusetzende Basis. Da außerdem die Finanzierung der Grunderwerbsteuer in den meisten Fällen über eine Erhöhung der Fremdkapitalaufnahme erfolgen dürfte, verteilt sich die daraus für den Erwerb entstehende Belastung auf den gesamten Tilgungszeitraum. Aus beiden Zusammenhängen läßt sich ableiten, daß die Grunderwerbsteuer für den einzelnen Erwerber keine allzu große Bedeutung bei der Kaufentscheidung haben kann.

Der Staat, in diesem Fall Länder und Kommunen, nahm 1987 3,06 Mrd. DM aus Grunderwerbsteuer ein. Würde man in dem Versuch, den darin enthaltenen Subventionswert zu ermitteln, fiktiv davon ausgehen, daß statt des gesetzlichen Steuersatzes von 2 % der ermäßigte Mehrwertsteuersatz von 7 % zugrundezulegen wäre, so könnte man daraus den Schluß ziehen, daß der Staat im Jahr 1987 auf Einnahmen aus Grunderwerbsteuer in Höhe von rund 10 Mrd. DM verzichtet hat.

Effizienz der Grunderwerbsteuersubvention

Der Staat könnte, um die Wohneigentumsbildung zu fördern, unter anderem auch das Instrument des Grunderwerbsteuerverzichtes einsetzen. Eine um zusätzlich 1 Mrd. DM verminderte staatliche Einnahme aus dieser Steuer führt zu einer Senkung des Steuersatzes von bisher 2 auf 1,4 %. In der Simulation wurde die Wirkung einer Verminderung des Steuersatzes für alle Eigentumserwerber, differenziert nach Bauherren und Käufern in den verschiedenen Regionstypen, auf die Wohnungsnachfrage überprüft. Eine Senkung des Grunderwerbsteuersatzes führt zu einer, wenn auch relativ geringfügigen, Reduzierung der Erwerbskosten. Eine um 1 Mrd. DM erhöhte staatliche Subventionierung des Grunderwerbs hat

- eine Erhöhung der Eigentümerquote um 0,04 %
- und eine Senkung der Unterversorgungsquote um 0,06 %

zur Folge.

Ähnlich wie die den Eigenkapitalanteil minimal erhöhende Bausparprämie hat auch eine reduzierte Grunderwerbsteuer Wirkungen, die sich quantitativ kaum noch belegen lassen. Eigentümer- und Unterversorgungsquote reagieren ausschließlich in der Gliederung nach Einkommenskategorien in der oberen Mittelschicht in feststellbarem Ausmaß: Hier steigt die Eigentümerquote um 0,17 % und sinkt der Anteil unterversorgter Haushalte um immerhin 0,37 %. Der bei dieser Haushaltsgruppe festzustellende Einfluß kann daher rühren, daß die obere Mittelschicht nach größerem und besser ausgestattetem Wohneigentum strebt, von der Höhe der Einkommen her jedoch sehr preisbewußt und auch preisempfindlich ihre Entscheidung trifft.

Die Unterschiede in der Effizienz dieses Instruments in den verschiedenen Regionstypen sind minimal:

Relative Veränderung der Eigentümerquote
(nach Regionstypen)

Große Verdichtungsräume	+ 0,02 %
Regionen mit Verdichtungsansätzen	+ 0,02 %
Land	+ 0,01 %.

Eine quantifizierbare Wirkung auf die Unterversorgungsquote läßt sich in dieser Gliederung nicht mehr bestimmen.

3.3 Rangfolge der Effizienzen

Im folgenden soll, um zu einer wohnungspolitischen Empfehlung zu gelangen, eine Rangfolge der analysierten Instrumente nach ihrer relativen Wirkungsstärke erstellt werden. Die folgende Tabelle 3.2 faßt alle Einzelergebnisse, jedoch zunächst ohne Differenzierungen nach Regionstypen oder Haushaltsgruppen, zusammen. Die Rangordnung ist für jedes Effizienzkriterium einzeln angegeben.

Wie oben (vgl. Abschnitt 3.1.3) schon erwähnt, werden nicht nur die aus den Modell-Simulationen unmittelbar herauslesbaren quantifizierten Effizienzen ausgewiesen (Spalten 2 und 4), sondern auch die auf 1 Mrd. DM normierten Werte (Spalten 3 und 5). Diese Normierung hat sich, um die Wirkungsstärke der einzelnen Instrumente vergleichen zu können, als notwendig erwiesen,denn der unterschiedliche Folgeaufwand, der aus dem Einsatz einer einzelnen Maßnahme im Volumen anderer Maßnahmen entsteht, würde den Vergleich verzerren. Jedoch wurde die Normierung aus verschiedenen Gründen auf die Herstellung der Rangfolge beschränkt. Weiter folgende Tabellen, die haushaltsgruppenspezifische oder regionale Wirkungen zusammenfassen, enthalten keine normierten

Tabelle 3.2

Relative Veränderung von Eigentümer- und Unterversorgungsquote infolge des zusätzlichen staatlichen Einsatzes von 1 Mrd. DM in jeweils einer wohnungspolitischen Maßnahme [1)]

- in Prozent -

Staatliche wohnungspolitische Maßnahme	Eigentümerquote		Unterversorgungsquote	
	ohne Berücksichtigung von Folgeaufwand	Normierung auf 1 Mrd. DM	ohne Berücksichtigung von Folgeaufwand	Normierung auf Mrd. DM
Wohngeld für Mieter	(9) - 0,07	(9) - 0,07	(9) - 0,05	(7) - 0,05
Lastenzuschuß für Eigentümer	(5) + 0,46	(5) + 0,41	(5) - 0,21	(4) - 0,18
Aufwendungszuschuß (1. Förderweg)	(4) + 0,50	(4) + 0,44	(1) - 0,42	(1) - 0,36
Degressive Abschreibung nach § 10 e EStG	(2) + 0,56	(2) + 0,46	(4) - 0,27	(5) - 0,13
Schuldzinsenabzug von der Steuerschuld	(1) + 0,58	(1) + 0,48	(2) - 0,32	(2) - 0,25
Schuldzinsenabzug vom Einkommen	(2) + 0,56	(2) + 0,46	(2) - 0,32	(2) - 0,25
Baukindergeld	(6) + 0,38	(6) + 0,33	(6) - 0,16	(5) - 0,13
Bausparförderung	(7) + 0,04	(7) + 0,04	(7) - 0,06	(7) - 0,05
Grunderwerbsteuer	(7) + 0,04	(7) + 0,04	(7) - 0,06	(7) - 0,05

1) Zahlen in Klammern: Wirkungsrangfolge, (1) wirkungsstärkstes Instrument

Quelle: Berechnungen mit dem Ifo-Wohnungsnachfragemodell

Werte. Insofern kann dort kein unmittelbarer Vergleich der Instrumenteneffizienz erfolgen, sondern allenfalls auf die Zielgruppenkonzentration einer Maßnahme tendenziell geschlossen werden.

3.3.1 Effizienz im Hinblick auf die Eigentümerquote

Das wohnungspolitische Ziel, die Eigentümerquote zu erhöhen, läßt sich am wirkungsvollsten im Verhältnis zu den eingesetzten Mitteln durch das Instrument Schuldzinsenabzug von der Steuerschuld erreichen (Rang 1). Diese Schlußfolgerung bezieht sich - das muß einschränkend hinzugefügt werden - nur auf den Vergleich innerhalb einer ausgewählten Menge von alternativen Maßnahmen und ausschließlich auf die der Analyse zugrundegelegte Ausgestaltung aller untersuchten Maßnahmen. Wegen der Komplexität der Wohnungsmärkte und der Einflußfaktoren auf Angebot und Nachfrage muß man grundsätzlich davon ausgehen, daß eine Veränderung in irgendeiner Instrumentenregelung, sei es die Berechtigung zur Inanspruchnahme einer Förderung, sei es eine Obergrenze für Objekt-bezogene Kosten, zu anderen Ergebnissen der Effizienzanalyse führt (vgl. dazu auch Kapitel 4).

Auf dem folgenden 2. Rang der Effizienzen finden sich zwei Instrumente der Eigentumsförderung mit gleicher Wirkungsstärke: die degressive Abschreibung nach § 10 e EStG und der Schuldzinsenabzug vom zu versteuernden Einkommen. Beide können erheblich zur Erreichung des Ziels Steigerung der Eigentümerquote beitragen, und zwar nicht wesentlich weniger als die erstrangige Maßnahme. Mit ähnlich geringem Abstand in der Effizienz folgt auf dem 3. Rang der Aufwendungszuschuß im Rahmen des 1. Förderwegs.

Unter den Instrumenten der Eigentumsförderung erweisen sich die Bausparförderung und die Ausnahmeregelungen der Grunderwerbsteuer als bei weitem ineffizienteste Maßnahmen. Sie tragen kaum zur Erhöhung der Eigentümerquote bei, so daß dem Staat empfohlen wird, die für diese Maßnahmen eingesetzten

Abbildung 3.1

Relative Veränderung der Eigentümerquote infolge zusätzlichen Einsatzes von 1 Mrd. DM

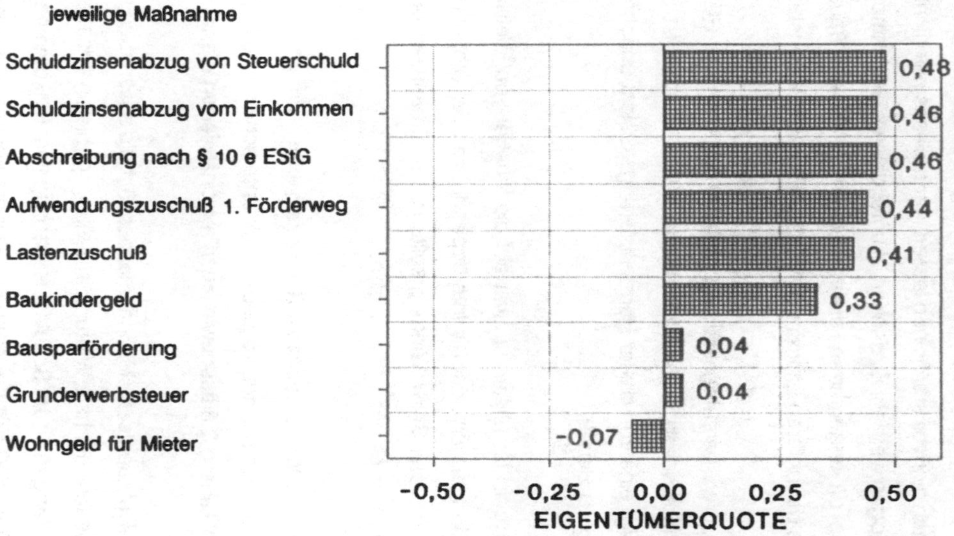

Quelle: IFO-Wohnungsnachfragemodell; Ifo-Institut 1990

Aufwendungen einzusparen und sie stattdessen für ein anderes, effizientes Instrument einzusetzen. Die Begründung für eine solche Empfehlung erfolgt jedoch ausschließlich auf der Basis wohnungspolitischer Überlegungen. Wenn andere politische Zielsetzungen die Beibehaltung von wohnungspolitisch ineffizienten Maßnahmen sinnvoll erscheinen lassen, kann dieses hier nicht in die Betrachtung miteinbezogen werden. Zu denken ist unter diesem Gesichtspunkt beispielsweise an den so oft angeführten "erzieherischen" Effekt der Bausparförderung, der Haushalte der unteren Einkommensklassen zur Vermögensbildung anreizen soll.

Die Grunderwerbsteuergestaltung steht im Rahmen der EG-Steuerharmonisierungspläne sowieso in der allgemeinen Diskussion. Es ist deshalb momentan eher müßig, eine von dieser Harmonisierungsabsicht unabhängige Änderung in Erwägung zu ziehen.

Das Wohngeld für Mieter ist zwar auf die Inhaber von Mietwohnungen konzentriert, berührt jedoch über die Interdependenzen der Wohnungsmärkte auch die Eigentümerquote. Seine Wirkung sollte in den Effizienzenvergleich zur Eigentümerquote nicht einbezogen werden.

Wenn man die Wirkungsstärke der einzelnen Instrumente in den verschiedenen Regionstypen betrachtet, so zeigen sich unterschiedliche Rangfolgen (die in der folgenden Tabelle 3.3 ausgewiesenen regionalisierten Werte sind nicht normiert).

Die global effizienteste Maßnahme des Schuldzinsenabzugs von der Steuerschuld, die ihre höchste Wirkung in Ballungsgebieten entfaltet, steht hier im gleichen (1.) Rang mit dem Schuldzinsenabzug vom Einkommen. Die Abschreibung nach § 10 e EStG fällt dagegen in Ballungsgebieten, die ja wegen der niedrigen Eigentümerquote Zielgebiet wohnungspolitischer Eigentumsförderung sind, etwas ab. In ländlichen Regionen wirken Aufwendungszuschüsse, § 10 e EstG und auch der Schuldzinsenabzug von der Steuerschuld relativ stark, zu stark, könnte

Tabelle 3.3

Relative Veränderung (unnormiert) der Eigentümerquote infolge des zusätzlichen staatlichen Einsatzes von 1 Mrd. DM in jeweils einer wohnungspolitischen Maßnahme in verschiedenen Regionstypen[1)]

in Prozent

Staatliche wohnungspolitische Maßnahme	BRD Durchschnitt	große Verdichtungsräume	Regionen mit Verdichtungsansätzen	Land
Wohngeld für Mieter	- 0,07	- 0,08	- 0,05	- 0,07
Lastenzuschuß für Eigentümer	0,46	0,50	0,32	0,27
Aufwendungszuschuß (1. Förderweg)	0,50	0,59	0,37	0,36
Degressive Abschreibung nach § 10e EStG	0,56	0,81	0,30	0,35
Schuldzinsenabzug von der Steuerschuld	0,58	0,86	0,30	0,36
Schuldzinsenabzug vom Einkommen	0,56	0,86	0,25	0,32
Baukindergeld	0,38	0,43	0,16	0,19
Bausparförderung	0,04	0,02	0,03	0,03
Grunderwerbsteuer	0,04	0,02	0,02	0,01

1) Regionale Gliederung ohne Mehrpersonen-Gastarbeiter-Haushalte.

Quelle: Berechnungen mit dem Ifo-Wohnungsnachfragemodell.

man sagen, gemessen an politischen Wünschen. Trotzdem läßt auch diese Differenzierung die globale Rangfolge im großen und ganzen unbeeinträchtigt, wenn man davon absieht, daß die regionale Wirkungsweise des Schuldzinsenabzugs vom Einkommen politischen Detailwünschen eher entgegenkommt. Die regionale Effizienz des § 10 e EStG verweist diese Maßnahme dagegen wohl eher auf einen Rang hinter der global gleichaufliegenden des Schuldzinsenabzugs vom Einkommen.

Da von Seiten der Wohnungspolitik soziale Gesichtspunkte auch in der Eigentumsförderung immer wieder hervorgehoben werden, sollten die Effizienzen nach Einkommenskategorien gegliedert ebenfalls in die vergleichende Analyse miteinbezogen werden. Die Tabelle 3.4 macht deutlich, daß spezielle einkommensabhängige Maßnahmen eine wirkungsvolle Ergänzung der im übrigen praktizierten und diskutierten Eigentumsförderung bilden. Denn dort, wo die global effizienten steuerlichen Instrumente überhaupt nicht greifen, in den zwei untersten Einkommensschichten, entfalten die als sozial apostrophierten Maßnahmen ihre höchste Wirkungskraft. Der im Wohngeldgesetz geregelte Lastenzuschuß begünstigt insbesondere die alleruntersten Schichten und erreicht hier den überhaupt allerhöchsten Wert dieser Gliederung. Daraus bezieht er in jedem Fall die Berechtigung seines Einsatzes, obwohl er ingesamt zur Erhöhung der Eigentümerquote nur nachrangig nach der steuerlichen Förderung beiträgt. Ähnliches gilt, wenn auch in schwächerem Ausmaß, für die Aufwendungszuschüsse im 1. Förderweg.

Erst ab der dritten, schon zur unteren Mittelschicht zählenden Kategorie wirken die drei effizientesten Instrumente. Sie erreichen gleichmäßig ihre höchste Wirkungsstärke in der oberen Mittelschicht. Bei dieser sozialen Kriterien eher widersprechenden Wirkungsweise hebt sich das Instrument des Schuldzinsenabzugs von der Steuerschuld insofern leicht positiv ab, als seine Effekte in der Mittelschicht vergleichsweise höher und in der Oberschicht eher niedriger ausfallen.

Tabelle 3.4

Relative Veränderung (unnormiert) der Eigentümerquote in Prozent (nach Einkommenskategorien)

Staatliche wohnungspolitische Maßnahme	Einkommen in DM von ... bis ...						
	bis 1.104	1.105-1.656	1.657-2.761	2.762-3.454	3.455-4.142	4.143-5.524	5.525 und mehr
Wohngeld für Mieter	-0,28	-0,26	-0,22	0	0	0	0
Lastenzuschuß für Eigentümer	+2,47	+0,51	+0,43	0	0	0	0
Aufwendungszuschuß (1. Förderweg)	+0,82	+0,51	+0,43	+0,57	+0,52	+0,30	+0,14
Degressive Abschreibung nach § 10e EStG	0	0	+0,65	+0,57	+0,87	+0,77	+0,42
Schuldzinsenabzug von der Steuerschuld	0	0	+0,65	+0,76	+0,87	+0,61	+0,42
Schuldzinsenabzug vom Einkommen	0	0	+0,65	+0,57	+0,87	+0,77	+0,42
Baukindergeld	+0,27	0	+0,43	+0,38	+0,52	+0,30	+0,14
Bausparförderung	0	0	0	0	0	0	0
Grunderwerbsteuer	0	0	0	0	+0,17	0	0

Quelle: Berechnungen mit dem Ifo-Wohnungsnachfragemodell.

In der Differenzierung der Effizienz nach Einkommenskategorien ist deshalb dem Schuldzinsenabzug von der Steuerschuld, wie schon in der globalen Rangfolge, ein höherer Rang zuzusprechen als den alternativen steuerlichen Maßnahmen.

In einer dritten Differenzierung, wiederum nach einem sozialen Kriterium, nämlich der Anzahl der Kinder im Haushalt, verändert sich die globale Rangfolge der Effizienzen. Tabelle 3.5 zeigt in den Spalten, die Eigentümerquote betreffend, daß das Baukindergeld eine außerordentlich hohe Effizienz in der Gruppe der Kinderreichen aufweist, eine Wirkungsstärke, die von keiner anderen Maßnahme auch nur annähernd erreicht wird. Und so wie sich das Wohngeld für Eigentümer aus seiner hohen Effizienz in niedrigen Einkommenskategorien rechtfertigt, bezieht das Baukindergeld aus dieser Wirkung seine Rechtfertigung. Der hohe soziale Stellenwert des Lastenzuschusses erfährt eine weitere Stütze daraus, daß auch er, wenn auch mit Abstand, seine höchste Wirkungsstärke ebenfalls in der Gruppe der Kinderreichen erzielt.

Betrachtet man die nach Kinderzahl gegliederten Effizienzen der drei erstrangigen steuerlichen Maßnahmen der Eigentumsförderung, so stellt sich heraus, daß alle drei ihre höchste Wirkungsstärke in der Gruppe kinderloser Haushalte entfalten. Dieses läuft den sozialen wohnungspolitischen Kriterien entgegen. Der Schuldzinsenabzug von der Steuerschuld wie auch vom Einkommen - die Effizienzen beider Maßnahmen verteilen sich gleich - kann unter diesen Gesichtspunkten noch als etwas zielgerichteter beurteilt werden als die Abschreibung nach § 10 e EStG, die den mit Abstand höchsten Rang in der Effizienz bei Haushalten ohne Kinder einnimmt.

3.3.2 Effizienz mit Hinblick auf die Unterversorgungsquote

Das wohnungspolitische Ziel der Verminderung der Unterversorgungsquote bzw. - positiv formuliert - einer Verbesserung der Wohnraumversorgung der Bevölke-

Tabelle 3.5

Relative Veränderung (unnormiert) der Eigentümerquote (nach der Kinderzahl im Haushalt) in Prozent

Staatliche wohnungspolitische Maßnahme	Haushalte mit ... Kindern		
	keine	1 bis 2	3 und mehr
Wohngeld für Mieter	0	-0,18	-0,17
Lastenzuschuß für Eigentümer	+0,43	+0,70	+1,68
Aufwendungszuschuß (1. Förderweg)	+0,43	+0,52	+0,33
Degressive Abschreibung nach § 10e EStG	+0,86	+0,35	+0,33
Schuldzinsenabzug von der Steuerschuld	+0,64	+0,52	+0,33
Schuldzinsenabzug vom Einkommen	+0,64	+0,52	+0,33
Baukindergeld	0	+0,88	+2,36
Bausparförderung	0	0	0
Grunderwerbsteuer	0	0	0

Quelle: Berechnungen mit dem Ifo-Wohnungsnachfragemodell.

rung wird bei weitem nicht so gezielt verfolgt wie die Erhöhung der Eigentümerquote. Alle hier analysierten Instrumente, einschließlich des Wohngelds für Mieter, tragen nur relativ wenig zur bedarfsgerechten Versorgung der Haushalte bei, jedenfalls im Vergleich zum relativen Erfolg in der Eigentumsbildung.[1] Das erstaunt deswegen, weil ja, wie allgemein bekannt, der Eigentumserwerb im Durchschnitt mit einer erheblichen Steigerung des Wohnflächenkonsums verbunden ist.

Bei einem Vergleich der Wirkungsstärke der einzelnen Maßnahmen zeigt sich dann auch, daß alle Maßnahmen der Eigentumsförderung auch im Hinblick auf die Unterversorgungsquote erfolgreich oder zumindest nicht weniger erfolgreich sind als das Instrument des Mieterwohngeldes. Das deutet darauf hin, daß das Mieterwohngeld seine Funktion, die Wohnraumversorgung zu verbessern, nur unzureichend erfüllt. Es entsteht vielmehr der Eindruck, daß dieses Instrument so gestaltet ist (Miet- und Einkommensobergrenzen), daß es ausschließlich einen irgendwie gearteten, aber nicht gerade einen bedarfsgerechten Wohnkonsum ermöglicht.

Auch die Instrumente der Eigentumsförderung, die ja primär auf die Eigentumsbildung überhaupt gerichtet sind, führen nur teileise zu einer Verbesserung der Wohnraumversorgung. Ob dieser Effekt - wie oben schon einmal angedeutet - eher auf die individuelle Entscheidung der Eigentumserwerber zurückgeht oder durch eine nur beschränkte Förderung bei hoher Belastung mehr oder weniger erzwungen wird, muß dahingestellt bleiben.[2]

---

[1] Jedoch darf bei einem Vergleich der relativen Effizienzen in Tabelle 3.2 nicht unberücksichtigt bleiben, daß die Basis, auf die sich die ausgewiesenen Werte beziehen, unterschiedlich hoch ist (die Unterversorgungsquote liegt niedriger als die Eigentümerquote).

[2] Diese Frage ließe sich selbstverständlich durch weitere Simulationen mit dem Ifo-Wohnungsnachfragemodell klären.

Abbildung 3.2

Relative Veränderung der Unterversorgungsquote infolge zusätzlichen Einsatzes von 1 Mrd. DM

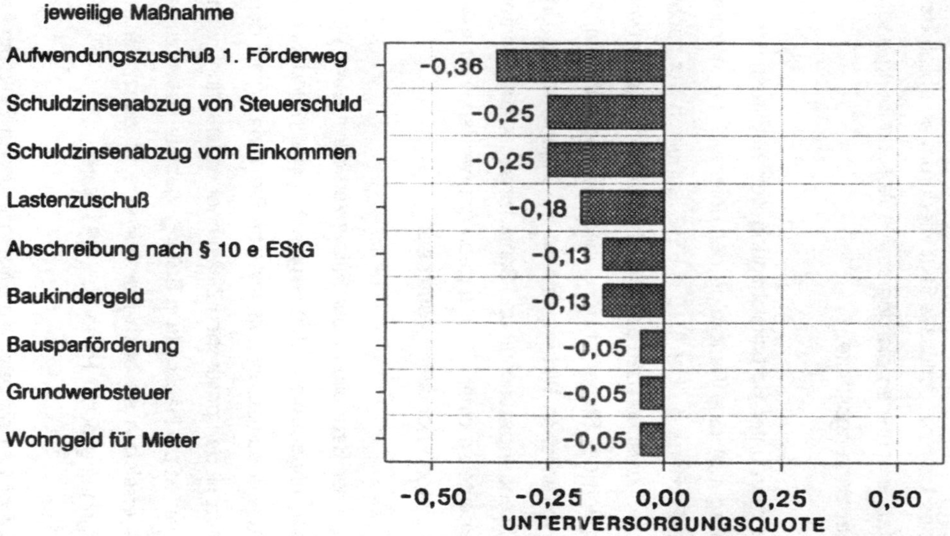

Quelle: IFO-Wohnungsnachfragemodell; Ifo-Institut 1990

Von allen analysierten Instrumenten hat der Aufwendungszuschuß im Rahmen des 1. Förderwegs mit Abstand den größten Erfolg bei der Verminderung der Unterversorgungsquote (vgl. Tabelle 3.6). Die beiden Varianten des Schuldzinsenabzugs (vom Einkommen und von der Steuerschuld) folgen im 2. Rang. Die Effizienz des Lastenzuschusses liegt wiederum erheblich darunter, und erst auf dem 5. Platz erscheinen die degressive Abschreibung und das Baukindergeld mit gleicher Wirkungsstärke.

Versuchte man unter Berücksichtigung beider Effizienzkriterien (Eigentum und Unterversorgung) eine Rangfolge der untersuchten Instrumente zu bilden, so müßte die Förderung über § 10 e EStG auf einen der nachstelligen Plätze gesetzt werden. Zwischen den beiden Schuldzinsenvarianten könnte der Schuldzinsenabzug von der Steuerschuld seinen Vorrang behalten. Aber die Abwägung der unterschiedlichen Wirkungsstärke bei Eigentum und Unterversorgung zwischen Aufwendungszuschuß und Schuldzinsenabzug könnte nicht ohne zusätzliche Argumente zu einer Lösung gebracht werden. Hier müßten von politischer Seite eindeutige Prioritäten gesetzt sein.

Legt man einer Beurteilung der Effizienzen die relative Wirkungsstärke auf die Unterversorgungsquote in den Regionstypen zugrunde, so läßt sich feststellen, daß der Aufwendungszuschuß seine größte Wirkung auf dem flachen Land entfaltet und damit den politischen Zielen eher widerspricht, während beide Schuldzinsenvarianten die Haushalte in Ballungsgebieten bevorzugen (vgl. Tabelle 3.6). Allerdings erreichen sie auch hier nur eine Effizienz, die der Aufwendungszuschuß in genau gleicher Höhe ebenfalls bietet.

Tabelle 3.7 enthält die relativen Effizienzen nach Einkommenskategorien aufgesplittet. Eine Ausweisung mit einem so hohen Differenzierungsgrad verliert an Aussagekraft, weil die ohnehin verhältnismäßig kleinen Werte durch die Aufspaltung teilweise unter die Merkbarkeitsgrenze rutschen. Die Möglichkeiten, aus

Tabelle 3.6

Relative Veränderung (unnormiert) der Unterversorgungsquote infolge des zusätzlichen staatlichen Einsatzes von 1 Mrd. DM in jeweils einer wohnungspolitischen Maßnahme in verschiedenen Regionstypen[1)]

in Prozent

Staatliche wohnungspolitische Maßnahme	BRD Durchschnitt	große Verdichtungsräume	Regionen mit Verdichtungsansätzen	Land
Wohngeld für Mieter	-0,05	0[2)]	0	0
Lastenzuschuß für Eigentümer	-0,21	-0,23	-0,26	-0,18
Aufwendungszuschuß (1. Förderweg	-0,42	-0,40	-0,44	-0,54
Degressive Abschreibung nach § 10e EStG	-0,27	-0,29	-0,19	-0,24
Schuldzinsenabzug von der Steuerschuld	-0,32	0,40	-0,19	-0,30
Schuldzinsenabzug vom Einkommen	-0,32	-0,40	-0,13	-0,24
Baukindergeld	-0,16	-0,12	-0,13	-0,12
Bausparförderung	-0,06	0	0	0
Grunderwerbsteuer	-0,06	0	0	0

1) Regionale Differenzierung ohne Mehrpersonen-Gastarbeiter-Haushalte.
2) Bei einer 0-Angabe ist die dahinterstehende relative Veränderung so klein, daß sie erst in der 3. Kommastelle ausgewiesen werden könnte, d.h. sie betrifft eine Haushaltszahl unter 100.

Quelle: Berechnungen mit dem Ifo-Wohnungsnachfragemodell.

Tabelle 3.7

Relative Veränderung (unnormiert) der Unterversorgungsquote in Prozent (nach Einkommenskategorien)

Staatliche wohnungspolitische Maßnahme	Einkommen in DM von ... bis ...						
	bis 1.104	1.105-1.656	1.657-2.761	2.762-3.454	3.455-4.142	4.143-5.524	5.525 und mehr
Wohngeld für Mieter	0	-1,24	0	0	0	0	0
Lastenzuschuß für Eigentümer	-2,71	-1,24	0	0	0	0	0
Aufwendungszuschuß(1. Förderweg)	0	-1,24	-0,47	-0,35	-0,38	-0,43	0
Degressive Abschreibung nach § 10e EStG	0	0	0	-0,35	-0,38	-0,43	0
Schuldzinsenabzug von der Steuerschuld	0	0	0	-0,35	-0,75	-0,43	0
Schuldzinsenabzug vom Einkommen	0	0	0	-0,35	-0,75	-0,43	-0,56
Baukindergeld	0	0	0	0	-0,38	0	0
Bausparförderung	0	0	0	0	0	0	0
Grunderwerbsteuer	0	0	0	0	-0,37	0	0

Quelle: Berechnungen mit dem Ifo-Wohnungsnachfragemodell.

dieser Tabelle Schlüsse zu ziehen, sind äußerst begrenzt. Der Lastenzuschuß nach Wohngeldgesetz, das sollte jedoch festgehalten werden, ist das einzige der hier untersuchten Instrumente, das in der alleruntersten Einkommenskategorie, und zwar mit einem außerordentlich hohen Effekt, die Unterversorgung reduziert. Die Varianten des Schuldzinsenabzugs wirken überhaupt erst auf Haushalte mittlerer Einkommensschichten und erreichen dort einen im Vergleich hohen Rang. Die Effizienz des Aufwendungszuschusses kommt im Fall der einkommensabhängigen Wirkungen den staatlichen Absichten stärker entgegen: Seine Wirkungsstärke konzentriert sich auf untere Einkommensschichten.

Politische Wünsche zur Verbesserung der Wohnraumversorgung richten sich insbesondere auf die Familien mit Kindern. Spaltet man nun die Unterversorgungseffizienz nach Kinderzahl auf, so bietet sich ein wenig befriedigendes Bild (Tabelle 3.8). In der Gruppe kinderreicher Haushalte zeigen allein das Mieter-Wohngeld und der Aufwendungszuschuß im 1. Förderweg überhaupt eine merkbare Wirkung, jedoch ist auch diese äußerst gering. Demgegenüber konzentrieren sich die Effekte fast aller Maßnahmen auf Haushalte mit einem bis zwei Kindern, was ja politisch durchaus nicht unerwünscht ist. Den ersten Rang nimmt in dieser Differenzierung mit Abstand die Eigentumsförderung im 1. Förderweg ein.

3.4 Wohnungspolitische Empfehlungen

Auf der Grundlage der oben ausgewiesenen, interpretierten und beurteilten Ergebnisse der Effizienzanalyse kann man eine grundsätzliche Empfehlung für die Wohnungspolitik aussprechen:

Den wohnungspolitischen Zielen läßt sich durch eine Umgestaltung des gültigen wohnungspolitischen Instrumentenbündels von relativ ineffizienten hin zu effizienteren Maßnahmen ohne staatliche Mehraufwendungen näher kommen.

Tabelle 3.8

Relative Veränderung (unnormiert) der Unterversorgungsquote (nach der Kinderzahl im Haushalt) in Prozent

Staatliche wohnungspolitische Maßnahme	Haushalte mit ... Kindern		
	keine	1 bis 2	3 und mehr
Wohngeld für Mieter	0	0	-0,16
Lastenzuschuß für Eigentümer	0	-0,23	0
Aufwendungszuschuß (1. Förderweg)	0	-0,46	-0,16
Degressive Abschreibung nach § 10e EStG	0	-0,23	0
Schuldzinsenabzug von der Steuerschuld	0	-0,23	0
Schuldzinsenabzug vom Einkommen	0	-0,23	0
Baukindergeld	0	-0,23	+0,15
Bausparförderung	0	0	0
Grunderwerbsteuer	0	0	0

Quelle: Berechnungen mit dem Ifo-Wohnungsnachfragemodell.

Dazu müssen nicht unbedingt die ineffizienten Instrumente gestrichen und die effizienten um den freiwerdenden Betrag aufgestockt werden (obwohl diese Umschichtung natürlich den höchsten Effekt hätte). Denn wenn aus außerhalb der Wohnungspolitik liegenden Gründen eine relativ ineffiziente Maßnahme beibehalten werden soll, kann auch immer noch eine Umschichtung zwischen den effizienteren Maßnahmen zu einem politisch erwünschten Effekt führen.

Beispielsweise könnten der Aufwendungszuschuß im 1. Förderweg oder sogar die Abschreibung nach § 10 e EStG zugunsten einer Einführung des Schuldzinsenabzugs von der Steuerschuld aufgegeben werden. Diese Umgestaltung der Eigentumsförderung hätte zwar keine so starke Wirkung wie eine Umschichtungstaatlicher Aufwendungen von ineffizientester zu effizientester Maßnahme, würde aber trotzdem die gesamte Effizienz der staatlichen Eigentumsförderung noch erhöhen.

Jedoch ginge die hohe Wirkungsstärke des Aufwendungszuschusses gerade auf die sozialen Zielgruppen staatlicher Wohnungspolitik mit einer Reduzierung oder gar Streichung dort verloren. Die Förderung nach § 10 e EStG hat demgegenüber fast keine sozialen Effekte, die hierbei berücksichtigt werden müßten. Die Wirkungsstärke des § 10 e EStG liegt aber insgesamt nicht erheblich unter der des Schuldzinsenabzugs von der Steuerschuld.

Zieht man bei einer solchen Überlegung die in der globalen Rangfolgenbildung noch außer acht gelassenen sozialen Kriterien einzelner Maßnahmen mit ein (vgl. Abschnitt 3.1), so könnte sich vielleicht folgende Gestaltung der Eigentumsförderung als diskussionswürdig herausstellen: Die Abschreibung nach § 10 e EStG bevorzugt obere Einkommensschichten. Aus sozialen Gründen, d.h. im Hinblick auf wohnungspolitische Zielgruppen, und im Hinblick auf eine nur nachrangige Effizienz könnte diese Maßnahme zugunsten des effizienteren Schuldzinsenabzugs von der Steuerschuld entfallen. Allerdings kommt auch dieser Schuldzinsenabzug eher Einkommensmittel- bis Einkommensoberschichten zugute, weil die Auszahlung einer Negativsteuer nicht vorgesehen ist.

Wenn man aber einen die Steuerschuld überschreitenden Schuldzinsenbetrag auszahlen würde, könnte dieses Instrument sozial ausgewogener gestaltet werden. Allerdings erscheint bei einer solchen Konstruktion des Schuldzinsenabzugs von der Steuerschuld manchen nicht mehr einsichtig, warum eine ja dann für alle Eigentumserwerber von Einkommen und Steuerhöhe unabhängige Förderung überhaupt über die Einkommensteuer laufen muß. Genauso gut und mit gleichen Effekten - so wird argumentiert - könnten die Schuldzinsen auch in einen direkt zu zahlenden staatlichen Zuschuß zum Eigentumserwerb münden.

Diese Art der Berücksichtigung von Schuldzinsen wiederum käme dem Instrument des Aufwendungszuschusses im Rahmen des 1. Förderweges für die unteren Einkommenskategorien sehr nahe, ohne jedoch das Potential der mittleren und hohen Einkommen bei der Eigentumsbildung zu übergehen. Einen Schritt weitergehend wäre zu überlegen, ob nicht der Schuldzinsenabzug in Form eines direkten staatlichen Zuschusses zum Eigentumserwerb möglicherweise auch den Aufwendungszuschuß im 1. Förderweg ersetzen könnte. Wenn wohnungspolitische und/oder andere Überlegungen gegen eine solche direkte Zuschuß-Förderung gerichtet sind (z.B. wegen der Gefahr, daß dadurch Haushalte aus unteren Einkommensschichten ins Wohneigentum "gelockt" würden, die die daraus resultierenden Belastungen auf Dauer nicht tragen könnten), so bleibt doch festzuhalten, daß sich dadurch möglicherweise die an der Eigentümerquote gemessene Effizienz des Fördersystems steigern und - vor allem - die Förderpraxis wesentlich vereinfachen ließe.

Über die (relative) Effizienz eines solchen Instruments können ohne spezifische Simulationen mit dem Ifo-Wohnungsnachfragemodell keine quantitativen Aussagen gemacht werden. Eine solche Simulation bräuchte exakte Vorgaben zur

Ausgestaltung eines von den Schuldzinsen abhängigen Zuschusses zum Eigentumserwerb. In keinem Fall können die in der Tabelle 3.2 ausgewiesenen Effizienzwerte durch simple Subtraktionen oder Additionen ersatzweise für eine erneute Simulation herangezogen werden, denn, wie schon an anderer Stelle gesagt, die Wohnungsnachfrage reagiert nicht isoliert auf eine Einflußgröße, sondern vielmehr auf die Konstellation aller Einflußgrößen in einem komplexen Entscheidungsprozeß.

Auch hinsichtlich der Unterversorgungsquote hätte ein direkter Zuschuß vermutlich eine dem Aufwendungszuschuß ähnliche Wirkungsstärke. Um hier und auch in der Eigentumsbildung die Effekte auf untere Einkommensschichten nicht zu vernachlässigen, könnten bei der Ausgestaltung eines "neuen" Förderinstruments diese Gruppen in irgendeiner Form relativ stärker berücksichtigt werden als andere.

Aus einer umfassenden wohnungspolitischen Sicht, möglicherweise aber auch aus anderen Motiven dürften einige Instrumente wegen ihrer Wirkungsstärke in den speziellen Zielgruppen für eine Ablösung nicht in Betracht kommen. Dazu gehören sicherlich das Wohngeld, insbesondere für Eigentümer, und das Baukindergeld.

4. Budgetinzidenz einiger Instrumentvarianten

Für die vergleichende Effizienzanalyse wurden eine Reihe staatlicher Instrumente ausgewählt, deren Wirkungen unter bestimmten (gleichen) Voraussetzungen mit Hilfe von Simulationen quantifiziert wurden. Unter der Vielzahl möglicher Gestaltungsvarianten, wie regionale, wohnungs- oder haushaltsgruppenspezifische Sonderregelungen, wurden möglichst einfache bzw. die jeweils gültigen den Berechnungen zugrundegelegt. Dabei war unzweifelhaft klar, daß jede Änderung in den Instrumentenregelungen zu anderen als den oben ausgewiesenen Werten geführt hätte. Die bis hierher an die Wohnungspolitik gerichteten Empfehlungen beziehen sich auf einen Austausch zwischen - mit zwei Ausnahmen - heute schon bestehenden Maßnahmen in der gültigen Form. Die Empfehlung des Austauschs wiederum erfolgt unter der Bedingung von Kosten-Neutralität im wohnungspolitischen Etat. In der Effienzanalyse und den daraus gezogenen Schlußfolgerungen konnten deshalb einige für die Wohnungspolitik wichtige Überlegungen nicht berücksichtigt werden; zwei davon werden jedoch im folgenden aufgegriffen und behandelt:

- Varianten in der Ausgestaltung eines Instruments können je nach Zielrichtung die Wirkungskraft erhöhen.
- Der Einsatz eines Instruments führt nicht nur zu wohnungspolitischen Aufwendungen, sondern verschafft über seine Wirkung und die volkswirtschaftliche Interdependenz dem Staat auch wiederum Einnahmen.

4.1 Wirkungsstärke und Kosten von ausgewählten Instrumentvarianten

Aus der Unmenge vorstellbarer Gestaltungsvariationen für die unterschiedlichsten Instrumente wurde in Abstimmung mit dem Auftraggeber zunächst beschlossen, die drei in der Eigentumsförderung effizientesten Instrumente für eine weitere Analyse heranzuziehen, um an ihnen die Wirkung verschiedener Gestaltungsmöglichkeiten zu überprüfen:

(1) Schuldzinsenabzug von der Steuerschuld

(2) Schuldzinsenabzug vom zu versteuernden Einkommen

(3) Degressive Abschreibung nach § 10 e EStG.

Für diese drei Instrumente wurden, um die Zahl der zu analysierenden Möglichkeiten einzuschränken, jeweils zwei Gestaltungsvarianten gebildet. Diese Gestaltungsvarianten wurden aus der Vielzahl möglicher Variationen unter dem Gesichtspunkt ausgewählt, die Wirkung auf die Eigentümerquote gegenüber dem Ursprungsinstrument zu erhöhen. Dabei lag das Schwergewicht auf Vorschlag des Auftraggebers auf Gestaltungen, die erstens den unterschiedlichen Gegebenheiten auf den regionalen Wohnungsmärkten, insbesondere dem Preisniveau, Rechnung tragen und die zweitens die unterschiedlichen Ansprüche nachfragender Haushalte berücksichtigen. Danach wird einerseits die Förderhöhe, andererseits die Obergrenze für die Inanspruchnahme einer Förderung variiert.

Für alle drei Instrumente wurden jeweils gleiche Varianten gebildet, um zumindest zwischen den Instrumenten noch eine Vergleichsmöglichkeit zu schaffen. Denn die für die Effizienzanalyse notwendige Standardisierung der staatlicherseits aufzuwendenden Mittel wurde für die Analyse nicht vorgenommen. Damit soll erreicht werden, daß die über den Einsatz eines wohnungspolitischen Instruments erzielbare Wirkung voll eintreten kann, d.h. ohne Beschränkung durch eine vorgegebene Höhe staatlicher Aufwendungen.

Diese Unbeschränktheit von Seiten der Belastung des Staatshaushalts hat zur Folge, daß die Stimulation der Nachfrage der Haushalte sehr stark ausfallen kann. Um der Realität eines Wohnungsmarktes einigermaßen zu entsprechen, mußten kurzfristige Angebotsreaktionen auf eine zunehmende Nachfrage in Form von Preissteigerungen berücksichtigt werden. Dies geschah in einem iterativen Prozeß, der eine Konsistenz der ausgelösten Mengen mit dazu plausiblen Preissteigerungen herstellt.

In Abstimmung mit dem Auftraggeber wurden die Varianten folgendermaßen konstruiert:

(1) *Schuldzinsenabzug von der Steuerschuld*

(1.1) Variante: Diese Variante bezieht sich auf Obergrenzen für eine maximal anrechenbare Fremdkapitalaufnahme, die wiederum die von der Steuerschuld abziehbaren Schuldzinsen zumindest indirekt begrenzt. Jedoch wird dadurch, daß die Obergrenze für das Fremdkapital angesetzt wird - und nicht für die Schuldzinsen - eine Veränderung der Hypothekenzinsen in die Förderung miteinbezogen. Das bedeutet, daß für Eigentumserwerber die Entscheidungsfreiheit nicht durch die Kapitalmarktlage zum Zeitpunkt des Erwerbs eingeschränkt wird. In Anlehnung an die nach § 10 e EStG maximal abschreibungsfähigen Herstellungs- bzw. Anschaffungskosten wird die anrechenfähige Fremdkapitalaufnahme auf folgende Beträge begrenzt:

1-Personen-Haushalte	240.000 DM
2-Personen-Haushalte	320.000 DM
3-Personen-Haushalte	360.000 DM
und jede weitere Person zusätzlich	16.000 DM.

Die Höchstgrenzen berücksichtigen einen Mindest-Eigenkapitalanteil am Kaufpreis von 20 %, um damit u.a. auch die Möglichkeiten noch höherer Fremdfinanzierung nicht zu begünstigen. Relativ benachteiligt werden natürlich Haushalte (meist der unteren Einkommenskategorien), die einen größeren Eigenkapitalanteil einsetzen müssen, weil die laufenden Einkommen trotz Förderung nur eine begrenzte monatliche Belastung tragen können. Wegen der auch in dieser Variante nicht vorgesehenen Auszahlung der sogenannten Negativsteuer sind untere Einkommensschichten zusätzlich benachteiligt.

Die Staffelung der maximalen Fremdkapitalbeträge nach Haushaltsgröße trägt einem sozialen Anliegen Rechnung. Da großen Haushalten der Bedarf an großen Wohnungen wohnungspolitisch durchaus zugestanden wird, soll ihnen auch die Möglichkeit eröffnet werden, dem höheren Erwerbspreis entsprechende höhere Schuldzinsen von der Steuerschuld abzuziehen. Allerdings ist auch hier zu berücksichtigen, daß kinderreiche Haushalte häufig auch keine allzu große Steuerschuld aufzuweisen haben.

In dieser Variante wird über die Staffelung nach Haushaltsgröße hinaus das anrechenbare Fremdkapital noch einmal nach Regionstypen variiert, und zwar

- gelten die genannten Obergrenzen unverändert nur für Eigentum, daß in Ballungszentren und seinem nahen Umland nachgefragt wird (Regionstypen 1 und 2 nach der Typisierung in siedlungsstrukturelle Kreistypen, vgl. Abschnitt 3.1.3),
- wird das maximal anrechenbare Fremdkapital um 40.000 DM gekürzt für den Eigentumserwerb im weiteren Umland von Ballungszentren sowie in Kernstädten der Regionen mit Verdichtungsansätzen und ihrem Umland (Regionstypen 3,4 und 5) und
- wird das anrechnungsfähige Fremdkapital für die Eigentumsnachfrage im flachen Land (Regionstyp 6) um 80.000 DM reduziert.

Die regionale Staffelung der von der Steuerschuld abziehbaren Schuldzinsen läßt sich daraus begründen, daß das Preisniveau für den Immobilienerwerb zwischen den Regionstypen weit auseinanderklafft. Um eine Benachteiligung von Haushalten in den Hochpreisgebieten zu verhindern, wird den betreffenden Eigentumserwerbern eine höhere Fremdkapitalaufnahme zugestanden. Das entspricht der wohnungspolitischen Absicht, vor allem in den Regionen, in denen der Anteil selbstnutzender Eigentümer niedrig ist, die Eigentümerquote nachhaltig anzuheben.

Eine Simulation dieser Variante (1.1) zeigt - bei außerordentlich hohen staatlichen Aufwendungen - eine so starke Wirkung auf die Eigentumsnachfrage der privaten Haushalte (ca. 230.000 Wohneinheiten zusätzlich in einem Jahr), daß die Wohnungsmarktzusammenhänge in den Berechnungen etwas realistischer berücksichtigt werden mußten. Eine derart hohe Zusatznachfrage nach Wohneigentum kann der Markt nicht bewältigen. Deshalb ist davon auszugehen, daß die Preise des Wohnungsangebots relativ rasch so hoch steigen, daß die Nachfrage entsprechend gedämpft und damit ein Marktausgleich möglich wird. In der Simulation wurde deswegen die Angebotsreaktion mit einer fiktiven Preissteigerung von 20 % für Grundstück und Gebäude im gleichen Jahr berücksichtigt.

Unter Einbezug dieser Reaktion verursacht die beschriebene Variante (1.1) des Schuldzinsenabzugs von der Steuerschuld zusätzliche staatliche Steuermindereinnahmen in Höhe von 7 Mrd. DM. Dieser wohnungspolitische Einsatz hat

- eine Steigerung der Eigentümerquote um 1,44 %
- und eine Verminderung der Unterversorgungsquote um 0,21 % zur Folge.[1]

(1.2) Variante: In einer zweiten Ausgestaltung des Schuldzinsenabzugs von der Steuerschuld werden alle Begrenzungen des anrechenbaren Fremdkapitals aufgehoben. Stattdessen wird als einzige Regelung der Anteil der von der Steuerschuld abzugsfähigen Schuldzinsen nach Regionstypen gestaffelt. Grundsätzlich dürfen in dieser Variante die durch den Eigentumserwerb verursachten Schuldzinsen in voller Höhe abgezogen werden. In der regionalen Gliederung

[1] Eine weiter differenzierte Wirkungsanalyse, die beispielsweise die vermuteten regionalen Unterschiede oder die - ebenfalls vermuteten - verschiedenen Reaktionen der Haushaltsgruppen sichtbar gemacht hätte, mußte für die Varianten der ausgewählten Instrumente unterbleiben, weil andernfalls der Rahmen dieses Gutachtens gesprengt worden wäre.

- gilt der 100 %-Schuldzinsenabzug in Ballungszentren und dem zentrumsnahen Umland (Regionstypen 1 und 2),
- können im weiteren Umland, in Kernstädten und Umland der Regionen mit Verdichtungsansätzen (Regionstypen 3,4 und 5) nur 90 % der Schuldzinsen geltend gemacht werden und
- reduziert sich dieser Anteil auf 80 % für den Eigentumserwerb auf dem Land (Regionstyp 6).

Diese Staffelung der anrechenbaren Schuldzinsen verhindert nicht wie Variante (1.1) eine überhöhte Fremdkapitalaufnahme. Sie verstärkt aber den durch ohnehin unterschiedliche regionale Preisniveaus verursachten Effekt. In Gebieten mit niedrigen Immobilienpreisen wird - in absoluter Höhe - sowieso weniger Fremdkapital gebraucht, was die Schuldzinsen gegenüber Hochpreisgebieten niedrig hält. Diese Variante soll also die Eigentumsbildung in Ballungsgebieten verstärkt anreizen.

Wie in Variante (1.1) mußte auch hier die starke Nachfragereaktion durch die Berücksichtigung einer realitätsnahen Steigerung der Immobilienpreise in Höhe von 20 % aufgefangen werden.

Die Variante (1.2) des Schuldzinsenabzugs von der Steuerschuld führt zu Steuermindereinnahmen des Staates von 6,9 Mrd. DM und kostet damit fast soviel wie Variante (1.1). Sie bewirkt

- eine Erhöhung der Eigentümerquote um 1,42 %
- und eine Senkung der Unterversorgungsquote um 0,26 %.

(2) *Schuldzinsenabzug vom Einkommen*

(2.1) Variante: Wie schon oben angesprochen, wurden die Varianten der beiden anderen Instrumente in gleicher Weise konstruiert wie die Varianten (1.1) und (1.2).

Der Schuldzinsenabzug vom Einkommen ist hier im 1. Fall deshalb genauso nach Haushaltsgröße und Regionen gestaffelt wie in Variante (1.1): Das maximal anrechnungsfähige Fremdkapital beträgt für

1-Personen-Haushalte	240.000 DM
2-Personen-Haushalte	320.000 DM
3-Personen-Haushalte	360.000 DM
und jede weitere Person zusätzlich	16.000 DM,

es reduziert sich

in den Regionstypen 3,4 und 5 um	40.000 DM
und im Regionstyp 6 um	80.000 DM.

Die Wirkung dieser Staffelung dürfte ähnlich ausfallen wie die der analogen Gestaltung des Schuldzinsenabzugs von der Steuerschuld. Auch in diesem Fall ist keine Auszahlung der Negativsteuer vorgesehen. Jedoch können selbstverständlich Abzüge vom zu versteuernden Einkommen nicht annähernd die gleiche Größenordnung in der Wirkung hervorrufen wie der Abzug von der Steuerschuld, weil die Reduzierung des Einkommens tatsächlich nur einen Betrag für den Eigentumserwerber bereitstellt, der von der Höhe des jeweiligen Steuersatzes abhängt. Die durch die staatliche Förderung bewirkte Kostenverminderung des Immobilienkaufs fällt also in dieser Variante (2.1) wesentlich geringer aus als in Variante (1.1).

Trotzdem bewirkt auch diese Maßnahme einen Nachfrageschub, der nicht ohne Preissteigerungen vonstatten gehen kann. Da sich jedoch die zusätzliche Nachfrage in einer Größenordnung von rund 50.000 Einheiten bewegt, wurde in die Modellsimulation eine Preissteigerungsrate von nur 8 % einbezogen.

Unter diesen Bedingungen resultieren aus dem Einsatz eines so gestalteten Schuldzinsenabzugs vom Einkommen für den Staat Mehraufwendungen in Höhe von 2 Mrd. DM.

Diese 2 Mrd. DM bewirken

- eine Steigerung der Eigentümerquote um 0,32 %
- und eine Verminderung der Unterversorgungsquote um 0,10 %.

(2.2) Variante: Diese Variante des Schuldzinsenabzugs vom Einkommen ist genauso konstruiert wie die Variante (1.2) des Schuldzinsenabzugs von der Steuerschuld: Die abzugsfähigen Zinszahlungen sind regional in der Höhe gestaffelt; abgezogen werden können danach

in den Regionstypen 1 und 2	100 %
in den Regionstypen 3,4 und 5	90 %
im Regionstyp 6	80 %.

Auch diese Gestaltungsvariante unterscheidet sich von der entsprechenden Konstruktion (1.2) dadurch, daß eine geringere Verminderung der Kosten des Eigentumserwerbs erfolgt. Soziale Kriterien der Wohnungspolitik sind auch hier außer acht gelassen; ebenso entfällt eine "Honorierung" der Ansparleistung, weil keinerlei Begrenzung der Fremdkapitalaufnahme vorgesehen ist.

Die aus diesem Instrument resultierende Mehrnachfrage nach Wohneigentum geht wiederum über die Aufnahmefähigkeit des Marktes hinaus. Eine Steigerung der Immobilienpreise um 8 % dürfte die Angebotsreaktion realitätsnah abbilden.

Der Einsatz eines wie oben dargestellten Schuldzinsenabzugs vom zu versteuernden Einkommen im Rahmen der Wohnungspolitik verursacht beim Staat Mehraufwendungen in Höhe von 1,9 Mrd. DM und erreicht damit eine ähnliche Größenordnung wie Variante (2.1) des gleichen Instruments.

Durch die Inkaufnahme von Steuermindereinnahmen in dieser Höhe gelingt es der Wohnungspolitik,

- die Eigentümerquote um 0,30 % zu erhöhen
- und die Unterversorgungsquote um 0,10 % zu senken.

Auch hier besteht also zwischen den beiden Gestaltungsvarianten (2.1) und (2,2), sowohl was die staatlichen Kosten als auch was die Wirkungen angeht, kaum ein Unterschied. Zwar läßt sich ohne detaillierte weitere Analyse keine quantitativ belegte Aussage treffen, aber die Schlußfolgerung liegt nahe, daß die jeweils gewählten Varianten eines Instruments bezüglich der Haushaltsgruppen und Regionstypen etwa in gleicher Stärke wirken. Dafür spricht u.a. die Veränderung der Unterversorgungsquote, die zumindest beim Schuldzinsenabzug vom Einkommen in beiden Varianten die genau gleiche geringfügige Verminderung erfährt; das deutet darauf hin, daß sich die Wirkung auf Haushalte und Regionstypen konzentriert, die schon weitgehend ausreichend mit Wohnraum versorgt sind.

(3) *Degressive Abschreibung nach § 10 e EStG*

(3.1) Variante: Analog zu den Varianten der Instrumente des Schuldzinsenabzugs werden in dieser Gestaltungsvariante die maximal abschreibungsfähigen Anschaffungs- bzw. Herstellungskosten nach Haushaltsgröße gestaffelt. Steuerwirksam abschreiben können

1-Personen-Haushalte	300.000 DM
2-Personen-Haushalte	400.000 DM
3-Personen-Haushalte	450.000 DM
und jede weitere Person zusätzlich	20.000 DM.

Diese Beträge entsprechen den Obergrenzen, die in den Instrumentvarianten (1.1) und (2.1) für das Fremdkapital angesetzt wurden, wenn man eine Fremdfinanzierung von 80 % der Erwerbssumme zugrundelegt. Eingeschlossen in die Anschaffungskosten sind, wie nach den gesetzlichen Regelungen des heute gültigen § 10 e EStG, maximal 50 % der Grundstückskosten. Die Staffelung nach der Haushaltsgröße soll wie bei den Schuldzinsen-Varianten eine bedarfsgerechte Versorgung mit Eigentum fördern.

Über die Haushaltsgröße hinaus wird auch hier nach Regionstypen differenziert, und zwar wiederum im gleichen Ausmaß wie in den analogen Varianten. Danach können Haushalte in den

Regionstypen 1 und 2	den vollen Betrag
Regionstypen 3,4 und 5	einen um 50.000 DM reduzierten Betrag
Regionstyp 6	einen um 100.000 DM verminderten Betrag

steuerlich geltend machen.

Da der Schuldzinsenabzug aus den bereits mehrmals angeführten Gründen zusätzlich zu den im Jahr 1987 geltenden wohnungspolitischen Maßnahmen eingesetzt wird, muß, um eine gewisse Vergleichbarkeit herzustellen, der Satz für die degressive Abschreibung auf 8 % erhöht werden.

Im Gegensatz zu allen Varianten des Schuldzinsenabzugs wird durch die steuerliche Förderung nach § 10 e EStG der Einfluß des Kapitalmarktzinses auf die Kaufentscheidung nicht ausgeschaltet. Nach wie vor wird also trotz steuerlicher Förderung in Hochzinsphasen die Eigentumsnachfrage gedämpft, auch wenn die Immobilienpreise unverändert bleiben. Die Förderung nach § 10 e EStG fängt allemal ausschließlich Preissteigerungen der Immobilie selbst ab, wenn die maximal anrechenbaren Anschaffungskosten nur hoch genug angesetzt werden. Diese Abfederung erfolgt jedoch ebenfalls durch eine Berücksichtigung der Fremdkapitalaufnahme, wie in den Varianten (1.1) und (2.1). Insofern verliert das Instrument § 10 e EStG in Hochzinsphasen eher seine Wirkung als andere Instrumente.

Im übrigen gilt für den Abzug eines Betrages vom Einkommen die oben schon ausführlich dargestellte Beurteilung. Soziale Kriterien für die Eigentumsförderung bleiben weitgehend unberücksichtigt, die Förderung steigt mit der Höhe des zu versteuernden Einkommens. Die Auszahlung einer Negativsteuer - sie wird sowieso nur äußerst selten anfallen - ist nicht vorgesehen.

Auch diese staatliche Maßnahme ruft unweigerlich Preisreaktionen des Wohnungsangebots hervor. Sie werden mit 5 % in der Simulation berücksichtigt, weil der ausgelöste Nachfrageschub niedriger ausfällt als bei den vorher betrachteten Varianten.

Eine Erhöhung des Abschreibungssatzes des § 10 e EStG auf 8 % und die vorgegebene Gestaltung dieses Instruments bewirken beim Staat steuerliche

Mindereinnahmen in Höhe von 1,6 Mrd. DM. Diese zusätzlichen staatlichen Aufwendungen verursachen

- eine Steigerung der Eigentümerquote um 0,32 %
- und eine Verringerung der Unterversorgungsquote um 0,21 %.

Überraschenderweise hat diese Variante, obwohl soziale Kriterien nur in der Haushaltsgröße Berücksichtigung finden, eine relativ hohe Wirkungsstärke im Hinblick auf die Unterversorgungsquote. Offensichtlich treffen die nach der Haushaltsgröße gestaffelten Obergrenzen für die Erwerbskosten relativ gut die tatsächlich anfallenden Kosten beim Erwerb eines familiengerechten Wohneigentums.

(3.2) Variante: Die letzte der für diese Analyse ausgewählten Instrumentvarianten verzichtet auf die Konstruktion relevanter Obergrenzen für die Anschaffungs- bzw. Herstellungskosten. An ihre Stelle tritt - wiederum analog zu den Varianten (1.2) und (2.2) - allein eine regionalspezifische Staffelung der steuerlichen Abschreibungssätze, und zwar für

die Regionstypen 1 und 2	9 %
die Regionstypen 3,4 und 5	8 %
den Regionstyp 6	7 %.

Bei dieser Gestaltung wird die Haushaltsgröße nicht berücksichtigt, so daß nur die unterschiedlichen Kosten des Erwerbs volle Berücksichtigung finden. Das bedeutet, daß kleine Haushalte mit hohem Wohnraumanspruch einen genauso hohen Betrag steuerlich abschreiben können wie große Haushalte, die auch unter wohnungspolitischen Gesichtspunkten eine große Wohnung benötigen. In dieser Variante ist also (wie in den Varianten (1.2) und (2.2)) auch das letzte haushaltsgruppenspezifische Förderungsmerkmal weggefallen.

Ob die unterschiedlichen Abschreibungssätze die unterschiedlichen regionalen Preisniveaus ausreichend berücksichtigen, belegen die Ergebnisse der Simulation. Insgesamt ist die durch die Variante ausgelöste Zusatznachfrage nach Wohneigentum höher als die entsprechende Wirkung der anderen Variante des § 10 e (3.1), so daß eine Preisreaktion des Angebots mit einer Steigerung von 8 % angenommen werden muß.

Dem Staat entstehen aus dem Einsatz eines so gestalteten § 10 e EStG Mehraufwendungen in Höhe von 1,9 Mrd. DM. Diese bewirken

- eine Erhöhung der Eigentümerquote um 0,28 %
- und eine Verminderung der Unterversorgungsquote um 0,10 %.

Schon an diesen Ergebnissen läßt sich ablesen, daß diese Maßnahme zur Erreichung wohnungspolitischer Ziele vergleichsweise weniger gut geeignet ist.

Vergleich der Varianten

Im folgenden sind die sechs untersuchten Varianten nach Wirkung und staatlichen Aufwendungen in einer Tabelle zusammengestellt, um die Simulationsergebnisse besser vergleichen zu können. Die Tabelle 4.1 dient darüber hinaus als Grundlage für die weitere Ermittlung der Budgetinzidenz.

Schon in der Einzeldarstellung der Gestaltungsvarianten wurde deutlich, daß die Ergebnisse der Simulationsrechnungen relativ nah beieinander liegen müssen, weil die Gestaltung bei allen Varianten auf eine regionale Staffelung gerichtet ist. Die in der jeweils ersten Alternative hinzugefügte Spezialisierung nach der Haushaltsgröße kann deshalb keine allzu großen Abweichungen bewirken, weil erstens die regionale Gliederung - wegen der hohen Preisunterschiede - in den Wirkungen dominiert und zweitens die Haushaltsgrößen-Staffelung durch eine

Tabelle 4.1

Relative Wirkungsstärke einzelner Instrumentvarianten und zusätzliche staatliche Aufwendungen

Varianten [1]		relative Veränderung der		zusätzliche staatliche Einnahmenverluste
		Eigentümerquote in %	Unterversorgungsquote in %	in Mrd. DM
Schuldzinsen-abzug von Steuerschuld	1.1	+ 1,44	- 0,21	7,0
	1.2	+ 1,42	- 0,26	6,9
Schuldzinsen-abzug vom Einkommen	2.1	+ 0,32	- 0,10	2,0
	2.2	+ 0,30	- 0,10	1,9
§ 10 e EStG	3.1	+ 0,32	- 0,21	1,6
	3.2	+ 0,28	- 0,10	1,9

1) An Preissteigerungen für Neubau-Wohneigentum wurden festgesetzt: Varianten 1.1 und 1.2: 20 %, 2.1, 2.2 und 3.2 : 8 %, 3.1 : 5 %.

Quelle: Berechnungen mit dem Ifo-Wohnungsnachfragemodell.

Anpassung der Wohnungsgrößen aufgewogen wird. Deshalb zeigen auch jeweils beide Varianten eines Instruments bei einem Einsatz ungefähr gleich hoher Mehraufwendungen fast die gleichen Effekte.

Jedoch trägt stets die Variation nach der Zahl der Haushaltsmitglieder zu einem etwas stärkeren Anstieg der Eigentümerquote bei als die reine Differenzierung nach Regionstypen. Die Haushaltsgrößen-bezogene Förderung kostet den Staat aber auch mehr.

Eine Ausnahme bildet allein die Alternative (3.1) des § 10 e EStG. Diese Gestaltungsvariante setzt eine geringere Preisreaktion des Angebots in Gang, weil die ursprüngliche Wirkung auf die Nachfrage vergleichsweise schwach ist (rund 30.000 zusätzliche Wohneinheiten). Insofern kommt die Wirkung der Förderung relativ ungedämpft zur Geltung.

Jedoch ist davon auszugehen, daß Preissteigerungen immerhin so stark auf die Eigentumsentscheidung einwirken, daß sie die erwarteten Effekte einer staatlichen Förderung begrenzen, wenn nicht sogar kompensieren können. Wenn aber Preissteigerungen derartig Einfluß nehmen, so müssen auch alle sonstigen, die Wohnkosten bestimmenden Faktoren unter ähnlichen Aspekten in die Überlegungen miteinbezogen werden. Das gilt, wenn auch in abgeschwächter Form, ebenfalls für die Kapitalmarktzinsen. Aus diesem Grund sollten wohnungspolitische Maßnahmen beispielsweise Schwankungen von Schuldzinsen in die Instrumentgestaltung miteinbeziehen, wie in den Varianten (1.1) und (1.2), um zu verhindern, daß die Aufwendungen des Staates ohne Wirkung "versickern".

Mit Konstruktionen, die an Kaufpreisobergrenzen, Schuldzinsenobergrenzen u.ä. anknüpfen, geht der Staat das Risiko ein, seine eigene Fördermaßnahme durch Marktreaktionen in Frage zu stellen.

Die Effizienz der einzelnen Varianten läßt sich bei unterschiedlichen Mehraufwendungen des Staates weder untereinander noch mit der Effizienz der oben überprüften ursprünglichen Instrumente vergleichen. Aber ganz überschlägig gesehen entsteht der Eindruck, als hätten im Verhältnis zu den staatlichen Kosten die beiden Variationen des Schuldzinsenabzugs von der Steuerschuld die größte Wirkung auf die Eigentümerquote. Höchstens die Variante (3.1) ist als ähnliches Nachfragestimulanz anzusehen. Relativ stark fallen dagegen die Konstruktionen des Schuldzinsenabzugs vom Einkommen und die rein nach regionalen Gesichtspunkten gestaltete Förderung im Rahmen des § 10 e EStG ab.

Betrachtet man die Auswirkungen auf die Unterversorgungsquote, so fällt die außerordentlich hohe Wirkung der Variante (3.1) auf. Die nach der Haushaltsgröße und nach Regionstypen gestaffelte Förderung führt offensichtlich zu einer Verbesserung der Wohnraumversorgung, und zwar in höherem Umfang als sogar die Varianten des Schuldzinsenabzugs von der Steuerschuld - jeweils unter Berücksichtigung der staatlichen Mehraufwendungen.

Ingesamt dürfte sich innerhalb der Varianten eine etwas andere "Rangfolge" der Effizienzen ergeben als zwischen den in die Effizienzanalyse einbezogenen Instrumenten.

4.2 Netto-Aufwendungen des Staates für die Varianten

Wenn der Staat die Eigentumsförderung erweitert, verursacht er damit eine zusätzliche Nachfrage nach Familienheimen und Eigentumswohnungen zur Selbstnutzung.

Die zusätzliche Nachfrage nach Wohnungen wiederum induziert eine erhöhte Nachfrage nach Bauleistungen. Da die Leistungen der Bauwirtschaft direkt und über weitere volkswirtschaftliche Zusammenhänge auch indirekt staatliche Einnahmen, vorwiegend aus Steuern, hervorrufen, kann ein Teil der ursprünglich eingesetzten staatlichen Mehraufwendungen durch zusätzliche Einnahmen aufgewogen werden. Im folgenden wird analysiert, wieviel der Staat letztendlich netto für die Eigentumsförderung in Form der sechs ausgewählten Varianten aufzuwenden hat, d.h. wie hoch die Budgetinzidenz der einzelnen Maßnahmen ausfällt.

4.2.1 Verwendete Methode

4.2.1.1. Direkte und indirekte Effekte einer zunehmenden Wohnungsnachfrage

Die Nachfrage nach Wohnungen wird zu einem Teil aus dem Bestand, zu einem anderen Teil durch neu gebaute Wohnungen gedeckt. In beiden Fällen setzt der Bezug einer Wohnung üblicherweise die Erbringung von Bauleistungen voraus. Hinsichtlich der Bestandswohnungen handelt es sich dabei um Modernisierungs- und haushaltsspezifische Anpassungsmaßnahmen.

Eine zunehmende Wohnungsnachfrage macht sich aber nicht nur direkt im Produktionsvolumen der Bauwirtschaft bemerkbar, sondern auch in einer Reihe von indirekten wirtschaftlichen Wirkungen. Diese umfassen die Produktion der von der Bauwirtschaft bezogenen Vorleistungen, die Bereitstellung der Anlagen, die zur Produktion der Bauleistungen und Vorleistungen benötigt werden, und die Effekte der Verwendung des Einkommens, das die in der Produktion Beschäftigten beziehen. Diese indirekten Wirkungen übertreffen in der Bauwirtschaft die direkten. In ihrer Gesamtheit drücken sie sich in der erzielten Wertschöpfung oder in der Zahl der abhängigen Beschäftigten aus.

Aus diesen Größen lassen sich wiederum Auswirkungen auf den Staatshaushalt ableiten. Denn mit einer Zunahme der Wertschöpfung sind zusätzliche Staatseinnahmen aus verschiedenen Steuern verbunden. Fördert der Staat also die Wohnungsnachfrage durch den Einsatz von Maßnahmen, die zunächst die Staatseinnahmen mindern (oder die Staatsausgaben erhöhen), so resultieren aus einer erhöhten Bauproduktion wieder zunehmende Staatseinnahmen. Es stellt sich also die Frage, wie stark letztlich der Staatshaushalt durch die einzelnen Fördermaßnahmen noch belastet wird (Budgetinzidenz).

Verfahren zur Ermittlung der indirekten Effekte

Zur Ermittlung der indirekten Effekte einer gesteigerten Wohnungsnachfrage stehen grundsätzlich zwei Verfahren zur Verfügung:

- die Input-Output-Analyse anhand einer Input-Output-Tabelle, die die Lieferungen zwischen den Branchen und die Endnachfrage eines Jahres (statisch) quantifiziert, und

- eine Untersuchung mittels eines ökonometrischen Modells, das die Abhängigkeitsstruktur zwischen den wirtschaftlichen Größen in ihrer Dynamik abbildet.

Eine Input-Output-Analyse erlaubt es, die Kette der durch die Bauproduktion ausgelösten Vorleistungsproduktionen (Vorleistungsprodukte benötigen zu ihrer Herstellung ebenfalls Vorleistungen) bis zu ihrem Ende einzubeziehen. Auch die Einkommensverwendungseffekte werden voll erfaßt. Die induzierten Investitionen können dagegen von dem statischen, auf ein Jahr bezogenen, Wirkungszusammenhang einer Input-Output-Tabelle nur unzureichend abgebildet werden. Diese Schwäche wird mit einer Analyse mittels eines dynamischen ökonometrischen Modells vermieden. Da auch die Datenbasis der Input-Output- Analyse (die aktuellste Tabelle betrifft das Jahr 1986) veraltet ist, fiel die Entscheidung für eine Verwendung des ökonometrischen Modells im Rahmen dieses Gutachtens.

Das hier verwendete ökonometrische Modell, das Konjunkturmodell des Ifo-Instituts, dient der kurzfristigen Konjunkturprognose. Es basiert auf den Vierteljahresdaten der Volkswirtschaftlichen Gesamtrechnungen und bildet diese Datenbasis in seinen wesentlichen Elementen ab. Dazu gehört auch ein Modellteil, der die Steuereinnahmen der Gebietskörperschaften erklärt, sowie ein Geld- und Kapitalmarkt-Untermodell. Die Wohnungsbauinvestitionen werden in einer eigenen Variable erfaßt, die nicht den Wohnungswert erhöhenden Modernisierungsmaßnahmen allerdings nur im Rahmen des privaten Verbrauchs.

In seiner feinen Struktur (mit über 154 endogenen Variablen) erlaubt das Modell, die dynamischen Rückwirkungen einer Zunahme der Wohnungsbauinvestitionen auf die relevanten wirtschaftlichen Größen zu verfolgen. Dazu werden die Wohnungsbauinvestitionen, die das Modell aus dem Kranz der im Jahr 1987 wirksamen exogenen Variablen für den Zeitraum bestimmt, um den förderungsbedingten Betrag (verteilt über die vier Quartale des Jahres und nur für dieses Jahr) erhöht und die Modellrechnung unter Konstanthaltung der exogenen Variablen für mehrere Perioden (Quartale) wiederholt. Dabei wird die Zahl der Perioden so gewählt, daß alle primären dynamischen Anpassungsreaktionen ablaufen können. Vorübergehende sekundäre Anpassungsprozesse, die insbesondere damit zu tun haben, daß hier eine nur einmalige Nachfrageerhöhung (auf ein Jahr begrenzt) untersucht wird, sollen möglichst unberücksichtigt bleiben. Unter Einbezug der im Modell spezifizierten Wirkungsverzögerungen zwischen den relevanten Variablen wurde die Berechnung auf acht Modelldurchläufe, von denen die ersten vier die zusätzliche Nachfrage erfahren, begrenzt.

4.2.1.2 Ergebnisse der Modellanalyse

Die Modellrechnungen ergeben eine schnelle Reaktion der Steuereinnahmen auf die Erhöhung der Wohnungsbauinvestitionen, wie in der Abbildung 4.1 dargestellt. Die Summe der dabei ausgelösten Veränderungen der Steuereinnahmen

Abbildung 4.1

Entwicklung der Steuermehreinnahmen nach einmaliger Erhöhung der Bauinvestionen um 1 Mrd. DM kumulierte Werte

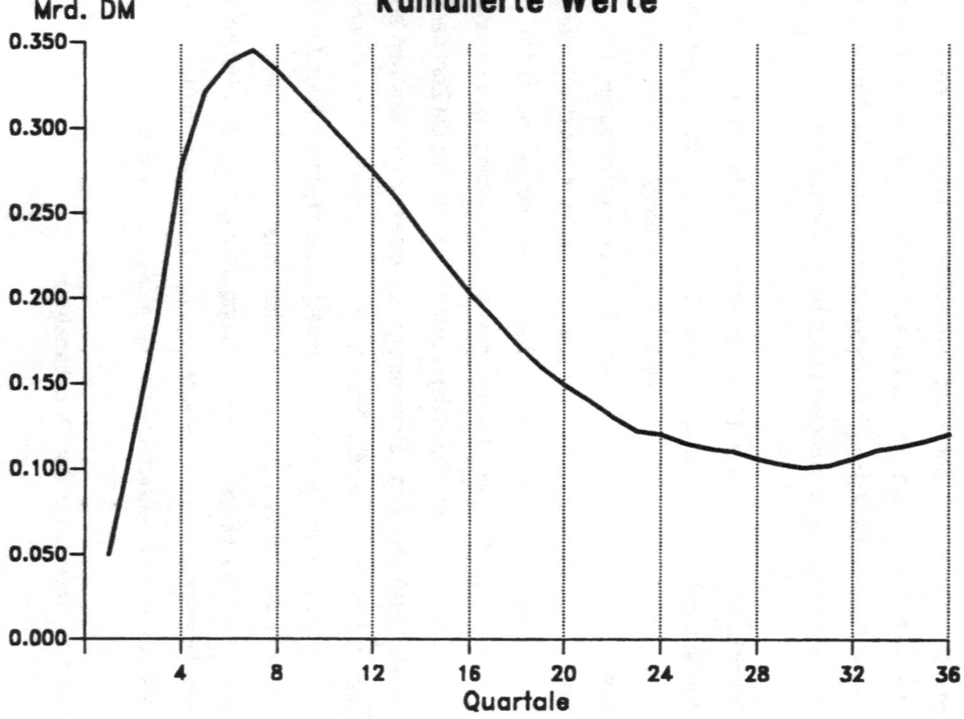

Quelle: Berechnung mit dem Ifo-Konjunkturmodell

steigt zunächst stetig an. Nachdem aber das Modell auf die Zunahme der Bauinvestitionen mit dem Aufbau von Baukapazitäten (und induzierten Anlageninvestitionen in anderen Branchen) reagiert, die nach dem Wegfall des außergewöhnlichen Nachfrageschubs nicht mehr voll ausgelastet sind, entsteht daraus im weiteren Verlauf eine Belastung des Staatshaushalts (als ein sekundärer Effekt), der die positiven Wirkungen der bauinduzierten Steuermehreinnahmen etwas verkleinert. Nach acht Quartalen haben sich die Steuermehreinnahmen auf einen Wert kumuliert, der, in Relation zu den zusätzlichen Wohnungsbauinvestitionen ausgedrückt, etwa ein Drittel beträgt. D.h. im Jahr 1987 hätte eine (einmalige) Erhöhung der Wohnungsbauinvestitionen um eine Mrd. DM allen Gebietskörperschaften Steuermehreinnahmen in Höhe von 300 Mill. DM eingebracht.

Eine Erhöhung der Wohnungsnachfrage wirkt sich auch auf die Nachfrage nach Gebrauchtwohnungen und damit über die Modernisierungseigenleistungen der Haushalte auf den privaten Verbrauch aus. Das Ausmaß ist jedoch vergleichsweise klein, so daß eine neutrale Reaktion (über eine Einschränkung des sonstigen Konsums) unterstellt werden kann. Bei einer starken Zunahme der Nachfrage nach Eigentümerwohnungen oder -häusern ist sogar eine gewisse Verminderung des privaten Verbrauchs vorstellbar, weil der Erwerb von Wohneigentum häufig mit Konsumeinschränkungen verbunden ist. Eine Abschätzung des Gesamteffekts führt zu einer neutralen Reaktion bezüglich des privaten Konsums und damit zu keiner Steuermehreinnahme.

Ebenso wirkungslos ist im Modellzusammenhang der Einfluß der Gebühren und sonstigen Kosten, die mit einer Zunahme der Wohnungsnachfrage in Verbindung gebracht werden können. Alles in allem bleibt es dabei, daß in der Höhe von einem Drittel der zusätzlichen Wohnungsbauinvestitionen (einmalig, bezogen auf ein Jahr) Steuermehreinnahmen ausgelöst werden.

4.2.1.3 Schätzung der induzierten zusätzlichen Bauinvestitionen

Die durch die erhöhte Eigentumsförderung des Staates verursachte zusätzliche Nachfrage nach Wohneigentum kann nur über eine Reihe von Annahmen und statistischen Informationen in eine zusätzliche Nachfrage nach Bauleistungen transformiert werden.

Die vermehrte Wohneigentumsnachfrage richtet sich auf Neubau- und Gebrauchteigentum. In Anlehnung an mehrere einschlägige Untersuchungen wird den Berechnungen der Budgetinzidenz ein Verhältnis von 50 zu 50 zwischen Neubau- und Gebrauchteigentum zugrundegelegt.

Das Ifo-Wohnungsnachfragemodell erlaubt es, die simulierte Zusatznachfrage detailliert, d.h. differenziert nach den nachgefragten Wohnungstypen, zu erfassen. Für jede der in ihren Wirkungen simulierten Varianten der Eigentumsförderung stehen demnach exakte Zahlen der jeweils zusätzlich nachgefragten Ein- und Zweifamilienhäuser sowie Eigentumswohnungen nach der Zahl der Zimmer und damit der Wohnfläche zur Verfügung (begrenzt auf das freifinanzierte Marktsegment des Modells). Aus diesen Daten wurde die Nachfrage nach neuzubauenden und gebrauchten Wohneinheiten in der aufgezeigten Größengliederung geschätzt.

Die Bauinvestitionen setzen sich aus Neubau und werterhöhenden Modernisierungs- und Renovierungsmaßnahmen an Gebrauchtwohnungen zusammen. Die Neubauinvestition ist ein Produkt aus Anzahl der Wohneinheiten und Baukosten, wobei die Baukosten Gebäude- und Wohnungsgrößen-spezifisch anzusetzen sind.

Etwas vereinfachend wurden der Berechnung der Neubauinvestitionen aus der zusätzlichen Wohnungsnachfrage folgende durchschnittliche Kosten des Jahres 1987 in 1.000 DM zugrundegelegt (Quelle: Bauvolumen):

Einfamilienhaus	klein	317
	groß	362
Zweifamilienhaus	klein	470
	groß	515
Eigentumswohnung	klein	144
im Mehrfamilienhaus	groß	194.

Diese durchschnittlichen Kosten wurden mit den Mengen, die sich aus der Nachfragesimulation als Zusatznachfrage ergaben, multipliziert und pro Variante der Eigentumsförderung aufsummiert.

Zur Berechnung der noch fehlenden Bauinvestitionen aus Maßnahmen an Gebrauchtwohnungen mußten folgende Annahmen getroffen werden:

- Alle Haushalte, die Gebrauchteigentum erwerben, führen irgendeine Art von Modernisierungs-, Umbau- oder Renovierungsamaßnahmen durch.

- Diese Maßnahmen im Bestand kosten 1987 im Durchschnitt (in 1.000 DM):

Einfamilienhaus	klein	41
	groß	50
Zweifamilienhaus	klein	45
	groß	54
Eigentumswohnung	klein	9
im Mehrfamilienhaus	groß	18.

Diese durchschnittlichen Zahlen gründen sich auf eine Reihe unterschiedlichster Informationen aus Fachkreisen und auf Ifo-Arbeiten, wobei bewußt vereinfacht wurde.

Durch Multiplikation dieser Kostenwerte mit den - infolge der einzelnen staatlichen Instrumentvarianten - nachgefragten Gebrauchtwohnungstypen läßt sich die Bauinvestition im Wohnungsbestand bestimmen.

Neubauinvestitionen und Bestandsinvestitionen ergeben schließlich zusammen die durch den staatlichen Mehraufwand im Rahmen jeder Variante induzierte Bauinvestition.

4.2.2 Ergebnisse der Budgetinzidenz-Berechnungen

In der folgenden Tabelle 4.2 sind alle für die Inzidenzbestimmung relevanten Größen je Instrumentvariante zusammengestellt. Die Spalte 1 weist die durch das gesteigerte Wohneigentumsinteresse induzierten Bauinvestitionen aus, die in ihrer Höhe als Folge der unterschiedlichen Effekte auf die Eigentümerquote sehr stark variieren, und zwar trotz dämpfender Preisreaktionen des Wohnungsangebots und der Bauwirtschaft. Die Alternativen des Schuldzinsenabzugs von der Steuerschuld rufen danach fast viermal so hohe Bauinvestitionen hervor als alle anderen Varianten.

In der 2. Spalte sind noch einmal die schon in Tabelle 4.1 enthaltenen zusätzlichen staatlichen Steuerverzichte aus dem Einsatz der einzelnen Maßnahmenvarianten ausgewiesen. Ihnen stehen die aus den Bauinvestitionen resultierenden staatlichen Mehreinnahmen (Spalte 3) gegenüber. Diese Mehreinnahmen betragen jeweils - in einem festen Verhältnis - rund 30 % der Bauinvestitionen.

Die Budgetinzidenz schließlich ist Ergebnis der Differenz zwischen steuerlichen Mindereinnahmen und steuerlichen Mehreinnahmen (Spalte 2 minus Spalte 3). Sie gibt an, wieviel es den Staat letztendlich, unter Einbezug aller volkswirtschaftlichen Wirkungen, kostet, über eine erhöhte Eigentumsförderung durch eine bestimmte Variante die Eigentümerquote zu steigern.

Tabelle 4.2

Budgetinzidenz des Staates bei Einsatz einzelner Instrumentvarianten

Varianten		Spalte 1 zusätzliche Bauinvestitionen in Mrd. DM	Spalte 2 zusätzliche Steuermindereinnahmen in Mrd. DM	Spalte 3 zusätzliche staatliche Mehreinnahmen in Mrd. DM	Spalten 2-3 Budgetinzidenz (Mehrkosten) in Mrd. DM	Spalten 3 : 2 Verhältnis zusätzl. Einnahmen zu zusätzl. Kosten in %
Schuldzinsenabzug von Steuerschuld	1.1	16,823	7,005	5,552	1,453	79
	1.2	17,300	6,938	5,709	1,229	82
Schuldzinsenabzug vom Einkommen	2.1	4,469	2,015	1,475	0,540	73
	2.2	4,210	1,906	1,389	0,517	73
10 e EStG	3.1	4,706	1,570	1,553	0,017	99
	3.2	4,046	1,867	1,335	0,532	72

Quelle: Berechnungen mit dem Ifo-Wohnungsnachfragemodell und dem Ifo-Konjunkturmodell.

In Verbindung mit Tabelle 4.1 läßt sich daraus zum Beispiel ablesen:

- Mit einem staatlichen Nettoaufwand von 540 Mill. DM kann die Wohneigentümerquote um 0,32 % angehoben werden, wenn der Staat einen nach Haushaltsgröße und Regionstypen gestaffelten Schuldzinsenabzug vom Einkommen zuläßt (Variante (2.1)).
- Die gleiche Steigerung der Eigentümerquote kann der Staat jedoch mit dem viel geringeren Nettoaufwand von nur 17 Mill. DM erreichen, wenn er stattdessen mittels erhöhter Abschreibungssätze in einem nach Haushaltsgröße und Regionstyp differenzierten § 10 e EStG die Eigentumsbildung fördert (Variante (3.1)).
- Einen weit höheren Anstieg der Eigentümerquote, nämlich um 1,44 % kann der Staat erzielen, wenn er bereit ist, einen Nettoaufwand von rund 1,5 Mrd. DM zu tragen. Dazu müßte er einen Schuldzinsenabzug von der Steuerschuld, gestaffelt nach Haushaltsgröße und Regionstypen, einführen (Variante (1.1)).

Die dargestellten Zusammenhänge, das sei hier noch einmal besonders betont, beziehen sich auf das freifinanzierte (Modell-)Marktsegment der alten Bundesländer im Jahr 1987. Sie gelten ausschließlich für die analysierten Instrumentvarianten in der beschriebenen Form. Die ausgewiesenen Werte lassen sich weder übertragen, noch z.B. durch Erhöhung eines Wertes insgesamt in eine andere Dimension heben. Das heißt, daß eine Verdoppelung der staatlichen Eigentumsförderung weder eine Verdoppelung des Wachstums der Eigentümerquote noch verdoppelte Bauinvestitionen usw. zur Folge haben kann.

In der letzten Spalte der Tabelle 4.2 schließlich wird das Verhältnis von zusätzlichen Einnahmen zu den ursprünglich eingesetzten zusätzlichen Aufwendungen (Spalte 3: Spalte 2) gebildet. Der ausgewiesene Prozentsatz zeigt sozusagen, daß die "Selbstfinanzierungsquote" der staatlichen Eigentumsförderung in den verschiedenen Varianten unterschiedlich hoch ist.[1] Die Tabelle, verdeutlicht, daß sich die Variante (1.1) des § 10 e EStG - unter Berücksichtigung aller Annahmen - zu fast 100 % gewissermaßen selbstfinanziert. Demgegenüber muß der Staat in einigen anderen Varianten eine sehr viel schlechtere Quote in Kauf nehmen. Mit einer Selbstfinanzierung von 82 % kommt unter diesem Gesichtspunkt die Variante (1.2) des Schuldzinsenabzugs von der Steuerschuld staatlichen Budgetprinzipien noch am nächsten. In Abbildung 4.2 sind die Zusammenhänge zwischen Selbstfinanzierungsquote und Budgetinzidenz für die einzelnen Varianten noch einmal veranschaulicht.

Zusammenfassend läßt sich festhalten, daß

- die Varianten des Schuldszinsenabzugs vom Einkommen (2.1) und (2.2) beim Staat relativ hohe Nettoaufwendungen verursachen - diese Eigentumsförderung finanziert sich nur mit gut 70 % selbst -, und trotzdem zur Erreichung wohnungspolitischer Ziele, und zwar sowohl zur Erhöhung der Eigentümerquote als auch zur Verminderung der Unterversorgungsquote, vergleichsweise eher wenig beitragen,
- die Variante (3.2) des § 10 e EStG das im Rahmen der untersuchten Instrumentgestaltungen schlechteste Einnahmen/Ausgaben-Verhältnis ausweist und auch kaum Einfluß auf Eigentümer- und Unterversorgungsquote ausübt,
- beide Varianten des Schuldzinsenabzugs von der Steuerschuld (1.1) und (1.2) die Eigentümerquote am stärksten zu verändern in der Lage sind und sich mit rund 80 % auch relativ hoch selbstfinanzieren,

---

[1] Grundsätzlich müßten Fragen der Budgetinzidenz mit einem weiteren Blickwinkel angegangen werden, nämlich aus welcher Quelle - Kredit oder Steuereinnahmen - der Staat seine ursprünglichen Aufwendungen finanziert. Laut volkswirtschaftlicher Theorie entstehen je nach Quelle unterschiedliche Multiplikatorwirkungen und letztendlich unterschiedlich hohe Rückflüsse an den Staat. Diese Zusammenhänge wurden hier - vereinfachend - außer acht gelassen.

Abbildung 4.2

Staatsbudgetinzidenz einzelner Fördermaßnahmen

Varianten:

Schuldzinsenabzug von	1.1
Steuerschuld	1.2
Schuldzinsenabzug von	2.1
Einkommen	2.2
10 e ESTG	3.1
	3.2

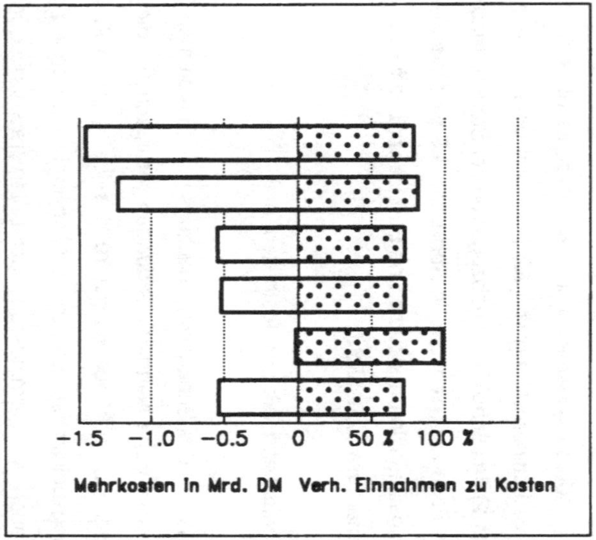

Quelle: Eigene Modellberechnungen

Ifo-Institut 1991

- die Gestaltungsvariante (3.1) im Rahmen des § 10 e EStG mit Abstand die höchsten Erfolge aufzuweisen hat und ebenso mit Abstand die geringsten Netto-Aufwendungen des Staates verursacht.

Auftragsgemäß wurde die Liste der zu untersuchenden Instrumentvarianten, wie dargestellt, beschränkt. Nicht aufgenommene Gestaltungsmöglichkeiten nach der Einkommenshöhe dürften - nach einer Reihe analytischer Überlegungen - einen relativ hohen Einfluß auf die Eigentümerquote haben. Eigentumsnachfrage wird von Einkommensoberschichten auch ohne staatliche Hilfen geäußert und gedeckt. Dagegen sind Teile der Einkommensmittelschichten auf staatliche Förderung angewiesen, um den Übergang vom Mieter- zum Eigentümerstatus zu schaffen.

Wenn man nun begrenzte staatliche Mittel auf die individuelle Förderung in der Mittelschicht konzentriert, erreicht man mit hoher Wahrscheinlichkeit einen stärkeren Anstieg der Eigentümerquote als mit einer in dieser Hinsicht undifferenzierten Maßnahme. Zu berücksichtigen ist bei diesen Überlegungen auch, daß die Eigentümerquote in den Einkommensoberschichten ohnehin wesentlich höher als in anderen Einkommensschichten liegt. Die öffentliche Förderung begünstigt hier also wahrscheinlich eher ein Umsteigen von einem selbstgenutzten Eigentum zu anderem selbstgenutzten Eigentum; dieses berührt die Eigentümerquote nicht.

5. Wirksamkeit angebotsrelevanter Maßnahmen

Wie oben mehrfach betont, konnten wohnungspolitische Instrumente, die auf das Wohnungsangebot abzielen, nicht anhand einer quantitativen Evaluierung untersucht und beurteilt werden. Ein dem Ifo-Wohnungsnachfragemodell adäquates Modell des Wohnungsangebots, das entsprechende Simulationen ermöglichte und quantitative Ergebnisse zu liefern in der Lage wäre, steht nicht zur Verfügung und konnte auch im Rahmen dieses Gutachtens nicht entwickelt werden. Die angebotsorientierten Maßnahmen sollen gleichwohl ergänzend in die Analyse der Wohnungspolitik eingebracht werden. Jedoch konnten unter der zeitlichen Begrenzung dieses Forschungsprojekts weder der theoretische Hintergrund umfassend und in den Details aufgearbeitet, noch die relevante Wohnungspolitik in ihrer Komplexität untersucht werden. In erster Linie auf die Literatur zu diesem Thema gestützt, wurden die bestehenden Probleme eher aufgefächert und versucht, allgemeine Regeln für die Wohnungspolitik abzuleiten (vgl. Abschnitt 5.3).

Die Analyse beschränkt sich demzufolge auf einige Grundlinien der angebotsorientierten Politik, und zwar unter den heute so wichtigen Gesichtspunkten der Angebotsausweitung und der Vermeidung sozialer Härten. Dabei werden einzelne Maßnahmen - und zwar nur die wichtigsten - sowohl nach ihrer grundsätzlichen Wirkung, als auch nach ihren möglichen Effekten in der heutigen Situation untersucht. Einzelheiten der Konstruktion der Instrumente, kleinere Umgestaltungen der jüngsten Zeit und die Fülle der heute diskutierten Vorschläge mußten weitgehend außer acht bleiben.

Ein geschlossenes, konsistentes Konzept der angebotsorientierten Wohnungspolitik existiert auch in der theoretischen Literatur allemal nur auf der Seite der überzeugten Marktwirtschaftler. Dieses Konzept vernachlässigt in den Augen der empirischen Wissenschaft einige wichtige reale Zusammenhänge, insbesondere die Gefährdung der System-Stabilität durch Bevölkerungsgruppen, die vom Wohnungsmarkt vor allem in bestimmten Marktlagen ausgegrenzt werden. Auf diese dem Konzept immanenten Probleme wird im folgenden nicht näher eingegangen. Sie sind allgemein bekannt, und die bundesdeutsche Gesellschaft hat sich gegen eine "reine" Wohnungsmarktwirtschaft entschieden.

Betont werden soll jedoch in diesem Zusammenhang, daß der politische Weg zu einer - wenn auch nur teilweisen - Deregulierung Übergangsprobleme großen Ausmaßes schaffen kann[1], und zwar in einem solchen Ausmaß, daß sie ohne erneute Regulierung die Ordnung von Wirtschaft und Gesellschaft gefährden könnten.

Auf der Grundlage der Erkenntnis dieser Risiken einer Wohnungsmarktwirtschaft muß wohnungspolitisch die Sicherung der Wohnungsversorgung all derer im Vordergrund stehen, die ohne Hilfe dazu nicht in der Lage sind. Im Rahmen dieses Gutachtens war es - trotz dieses Grundsatzes - nicht möglich, ein übergreifendes und detailliertes, vor allem konsistentes wohnungspolitisches Konzept zu entwickeln, das mit den einfachen theoretischen Linien auf der Grundlage der Maximen wirtschaftlichen Handelns, das die Marktwirtschaftler immer wieder zur Diskussion stellen, konkurrieren könnte.

Im folgenden wird zunächst der theoretische Hintergrund der Wohnungspolitik kurz skizziert, um aus dieser Grundlage einige Maßstäbe für die Beurteilung der hier betrachteten Instrumente abzuleiten.

5.1 Wohnungspolitik in der sozialen Marktwirtschaft

Unsere Wirtschafts- und Gesellschaftsordnung wird als soziale Marktwirtschaft apostrophiert. Je nach ideologischer Heimat erhält dabei der etwas schillernde

[1] Beispiele dazu finden sich in Behring, K., V. Rußig u.a., Auswirkungen einer Liberalisierung der Mietwohnungsmärkte in den Regionen München und Nürnberg, München 1986.

Begriff ein unterschiedliches Gewicht, und zwar einmal mehr auf marktwirtschaftliche, einmal eher auf soziale Gesichtspunkte gerichtet. In der unserer Wirtschaftsordnung zugrundeliegenden Theorie ist jedoch eindeutig dem Markt der Vorrang eingeräumt - populärwissenschaftlich und stark vereinfachend ausgedrückt: "Soviel Markt wie möglich, soviel Staat wie nötig".

Die ökonomische Theorie in ihrer eher orthodoxen Form läßt staatliche Eingriffe in den Markt nur zu, wenn ein Marktversagen diagnostiziert wird, das vom Referenzsystem ("Wohlfahrtsoptimum") abweichende Ergebnisse verursacht.[1] Nach der Analyse von Meyer kann ein Marktversagen im Wohnungssektor nicht unterstellt werden, und zwar auch dann nicht, wenn ein Teil der Bevölkerung aufgrund geringer Wohnkaufkraft in äußerst schlechten Wohnverhältnissen lebt. Daraus läßt sich also keine Rechtfertigung staatlicher Eingriffe ableiten.

Vielmehr stellen der Staat bzw. die Gesellschaft politische Normen für die Wohnungsversorgung der Bevölkerung auf, von denen das Marktergebnis abweicht. Eingriffe rechtfertigen sich dann aus dem Ziel, die Differenz zwischen Marktergebnis und gewünschter Versorgung zu verringern. Die angesprochenen Normen basieren auf spezifischen Vorstellungen von Gerechtigkeit,[2] von einer die Gesundheit und Leistungsfähigkeit der Bevölkerung fördernden Versorgung, von einem Vitalbedürfnis Wohnen, von sozialer Ruhe und Bodenständigkeit. Sie schränken die Konsumentensouveränität, die theoretisch eine wichtige Voraussetzung für die Funktionsfähigkeit des Marktes ist, ein.

Diese nicht-ökonomischen, eher sozialen Zielsetzungen staatlicher Wohnungspolitik sind sicherlich legitim in einer sozialen Marktwirtschaft. Sie unterliegen jedoch trotzdem, wenn nicht den Forderungen marktwirtschaftlicher Ideologie, so

---

[1] Meyer, D., Staatversagen im Wohnungsmarkt? in: Archiv für Kommunalwissenschaften, II 1986.

[2] Vgl. Meyer, D., a.a.O..

doch denen des ökonomischen Einsatzes staatlicher Mittel, d.h. den Anforderungen an die Begründung von Subventionen.

Für die Rechtmäßigkeit von Subventionen lassen sich folgende Prüfkriterien zusammenstellen, die alle auf dem Subsidiaritätsprinzip basieren, das als dem Sozialstaatsprinzip äquivalent angesehen wird:[1]

- Begründungszwang, d.h. explizite Formulierung der Ziele und der Zielerreichungsmöglichkeiten,
- Effizienz der Maßnahme, d.h. optimales Verhältnis von Einsatz staatlicher Mittel und Zielerreichungsgrad, u.a. laufende Hilfen nur in Ausnahmefällen (die Subvention sollte sich nach einiger Zeit "von selbst erübrigen"),
- geringstmögliche Dosierung sowie Zielgenauigkeit - im Gegensatz zu "Gießkannenförderung" -, mit der Forderung nach Rückzahlung, Eigenbeteiligung usw.,
- marktkonforme Ausgestaltung, insbesondere in Form von Anreizen.

Legt man diese relativ strengen Anforderungen einer Überprüfung der heute praktizierten wohnungspolitischen Instrumente zugrunde, so könnte kaum eines von ihnen gerechtfertigt werden. Nach dem Subsidiaritätsprinzip müßten sich staatliche Hilfen auf die Haushaltsgruppen konzentrieren, die gemessen an sozialpolitisch orientierten Normen relativ am schlechtesten mit Wohnraum versorgt sind. Dabei sollten die zur Unterstützung konzipierten Instrumente möglichst vielen der angegebenen Prüfkriterien genügen. Unter diesen Gesichtspunkten werden im folgenden die angebotsrelevanten wohnungspolitischen Instrumente überprüft und beurteilt.

---

[1] Vgl. dazu u.a. Rußig, V., Was bedeuten Subventionen für das Wohnungswesen? in: Institut für Städtebau, Wohnungswirtschaft und Bausparwesen (Hrsg.), Wohnungsversorgung und Wohneigentum - mit oder ohne Subventionen, Bonn 1987.

5.2 Instrumente zur Überwindung der Engpässe am Wohnungsmarkt

Wie oben in der Analyse der momentanen Wohnungsmarktlage (vgl. Kapitel 2) festgestellt, bestehen in den westdeutschen Bundesländern gravierende Marktungleichgewichte, die sich seit 1987 immer weiter verschärfen. Da Wohnen in unserer Gesellschaft allgemein als ein wichtiges Grundbedürfnis angesehen wird und der Markt offensichtlich die anstehenden Probleme nicht kurzfristig lösen kann, sind staatliche Hilfen gefordert.

5.2.1 Zielrichtung aktueller Politik und wohnungspolitisches Dilemma

Die grundsätzliche Marschrichtung staatlicher Eingriffe angesichts der problematischen Wohnungsmarktsituation muß auf eine Entspannung der Märkte gerichtet sein. Konkret müssen zwei Probleme bewältigt werden:

- Allein von der Anzahl her reicht das momentane Wohnungsangebot nicht aus, alle in den westdeutschen Bundesländern lebenden Haushalte unterzubringen. Der Wohnungsfehlbestand führt zu massiven Preissteigerungen und zur Verdrängung einkommensschwacher Haushalte. Eine möglichst rasche und ausreichende Ausweitung des Angebots könnte nicht nur die Unterbringung aller nachfragenden Haushalte gewährleisten, sondern auch die Preisentwicklung dämpfen.
- Bevor jedoch ein genügend großes Wohnungsangebot die Wohnungsmarktlage nachhaltig entspannt, treten verstärkt soziale Härten auf, die der Staat verpflichtet ist, abzufedern.

Vertreter der Marktwirtschaft fordern zwar auch in der heutigen Situation, die Entspannung dem Markt selbst zu überlassen, sie unterschätzen jedoch offensichtlich den Zeitraum, den dieser Prozeß in Anspruch nehmen würde, und die während dieses Zeitraums auftretenden sozialen Probleme, die der Staat aus seinen wohnungs- und sozialpolitischen Verpflichtungen heraus nicht unbeachtet lassen kann. Erkennt man nun die Notwendigkeit staatlicher Interventionen an, und zwar unter der Zielrichtung, einerseits das Angebot auszuweiten und andererseits soziale Probleme zu mildern, so läßt sich auf dieser Grundlage die Rechtfertigung einzelner Instrumente überprüfen (vgl. Prüfkriterien für Subventionen).

Vor die Analyse der Wirksamkeit verschiedener Maßnahmen sollte jedoch eine detaillierte Betrachtung der Einfluß nehmenden Rahmenbedingungen geschaltet werden, die für alle Instrumente gleichermaßen von Bedeutung sind. Der Staat befindet sich nämlich in einem Dilemma, das zwar in ähnlicher Form immer wieder auftritt, aber momentan einige Spezifika aufweist:

Nach einer langen (Nachkriegs-)Phase einer permanent ungedeckten Wohnungsnachfrage treten in den letzten Jahrzehnten Wohnungsmarktzyklen auf, die regelmäßig zwischen Anspannung und Entspannung der Wohnungsmarktsituation abwechseln. Solange es sich nicht um sogenannte strukturelle Ungleichgewichte der Märkte handelt (regionale Verschiebungen u.a.), könnten sich staatliche Maßnahmen prinzipiell auf eine Abmilderung der gravierenden sozialen Probleme, die dabei auftreten, beschränken. Aber der Stellenwert von Wohnen ist in der Öffentlichkeit so hoch, daß in jeder Anspannungsphase relativ schnell ein Handlungsdruck auf den Staat entsteht. Die Regelmäßigkeit, mit der dem Druck nachgegeben wird, läßt sicherlich bei den Wohnungsmarktbeteiligten einen Attentismus entstehen, der zur Verschärfung der Probleme beiträgt.

Nun steigt aber die Wohnungsnachfrage wiederum üblicherweise in konjunkturellen Aufschwungphasen (was zu besagten Wohnungsmarktproblemen führt), in denen gleichzeitig die Nachfrage nach gewerblichen und öffentlichen Bauten zunimmt. Die Baukapazitäten können die daraus resultierende Bauleistungsnachfrage nicht decken, deshalb steigen nicht nur die Preise für bestehende Gebäude, sondern auch die für Neubauten. Ebenfalls als Auswirkung eines Konjunkturaufschwungs erhöhen sich Bauland- und Kreditnachfrage und die Preise.[1] Durch alle diese ineinandergreifenden Effekte bildet sich für Wohnungsbauinvestitionen ein denkbar ungünstiger Rahmen von Einflußfaktoren. Der Staat muß, um zusätzliche Wohnungsbauinvestitionen hervorzurufen, mit vergleichsweise hohen finanziellen Mitteln anreizen. Wegen der begrenzten Baukapazitäten geht jedoch ein Großteil der Förderung allein in Baupreissteigerungen und verpufft, ohne die beabsichtigte zusätzliche Wirkung auf die Bautätigkeit zu erzielen.

Ein weiteres Dilemma für die staatliche Wohnungspolitik besteht darin, daß Investoren nur bei ausreichend hoher Rendite ihr Kapital in Wohnimmobilien anlegen, der Staat aber auf der Grundlage seiner Sozialverpflichtung die Belastung der privaten Haushalte durch Wohnkosten nicht über ein "erträgliches" Maß hinaus ansteigen lassen darf. Die Bevölkerung wendet für ihren Wohnkonsum einen im Verhältnis zu anderen Konsumgütern ungewöhnlich hohen Teil ihres Haushaltsbudgets auf. Daraus resultiert eine permanente Aufmerksamkeit der Öffentlichkeit an den Wohnkosten, was wohl u.a. dazu geführt hat, daß die Wohnkostenbelastung der Haushalte als gesonderte Kategorie in der Politik der Einkommensverteilung geführt wird.[2] Im allgemeinen wird heute eine Mietbelastung von 20 bis 25 % des verfügbaren Einkommens als Obergrenze angesehen, von der an staatliche Eingriffe notwendig werden. Jedoch ist diese Obergrenze nirgendwo fixiert und wird, beispielsweise beim Wohngeld, auch nicht einheitlich angewendet.

Wenn eine steigende Wohnungsnachfrage zu steigenden Wohnkosten führt und - die nachfragedämpfende Wirkung soll hier unberücksichtigt bleiben - diese potentielle Investoren anreizen, muß der Staat dennoch zur Begrenzung der

---

[1] Vgl. dazu unter vielen anderen Eekhoff, J., Wohnungspolitik für eine neue Zeit, in: Der Langfristige Kredit, 22 + 23/1990.

[2] Bärsch, J., K. Novy, Grenzen der aktuellen Deregulierungen auf dem Wohnungsmarkt, in: Archiv für Kommunalwissenschaften, II 1989.

Belastung der privaten Haushalte in den Markt eingreifen. Eine Dämpfung des Mietenanstiegs jedoch vermindert die Wirkung der Nachfragesteigerungen auf den Umfang der Neubauinvestitionen. Dieser staatlicher Wohnungspolitik immanente Konflikte ist bis heute allenfalls ansatzweise gelöst.

Weitere ungelöste Konflikte liegen zwischen den verschiedenen Politikbereichen. Der "fundamentale Widerstreit zwischen ökologischen Anforderungen (und denen der Raumordnungspolitik)", und der dynamischen Anpassung an die Erfordernisse moderner Industrie- und Dienstleistungsgesellschaften",[1] d.h. unter anderem der Zielkonflikt zwischen einer Begrenzung des Landschaftsverbrauchs einerseits und bodenverzehrenden wirtschaftlichen und sozialen Betätigungen andererseits, wird nicht einmal offen diskutiert, geschweige denn gelöst. Das gleiche gilt für die widerstreitenden Zielsetzungen von Raumordnungspolitik einerseits, nämlich die Siedlungsstruktur in der Bundesrepublik ausgeglichen zu gestalten, d.h. die Zuwanderung in die Ballungsgebiete abzuschwächen, und Wohnungspolitik andererseits, nämlich die aus der Attraktivität resultierenden hohen Wohnkosten in den Ballungsgebieten durch Subventionen gezielt zu senken.

Darüber hinaus werden wohnungspolitische Entscheidungen - vor allem solche, die die Gewährung von Subventionen betreffen - dadurch erschwert, daß Fördermaßnahmen immer zu einer Dauereinrichtung zu werden drohen.

Diese sich für die Wohnungspolitik permanent stellenden Probleme werden in der momentanen Situation durch die Wiedervereinigung der ost- und westdeutschen Bundesländer verstärkt, und zwar nicht nur durch Wanderungsbewegungen, hohen Investitionsbedarf und zusätzlich beanspruchte Baukapazitäten, sondern auch dadurch, daß unter den diversen Aspekten und Zielen (z.B. gleichwer-

---

[1] Görhely, T., V. Rußig, F. Söffner, Bauvorausschätzung Bundesgebiet 1990 - 2000, Textband, München 1990, unveröffentlicht.

tige Lebensbedingungen, Übertragung wohnungsmarktrelevanter Gesetze auf die neuen Bundesländer) für die ehemalige DDR ein besonders hoher wohnungspolitischer Entscheidungsbedarf besteht.

Kurzfristig wird sich trotz des verstärkten Einsatzes von Fördermaßnahmen der Engpaß an den Wohnungsmärkten nicht beseitigen lassen. Die Wohnkosten werden deshalb in Zukunft weiter steigen. Wohnungspolitische Instrumente müssen also, unter Berücksichtigung aller angeführten Probleme, auch in Zukunft auf Angebotsausweitung und Abmilderung sozialer Härten gerichtet sein. Ihre Wirksamkeit sollte unter Einschluß der Anforderungen an marktwirtschaftliche Sozialpolitik, an daraus ableitbare Kriterien für die Berechtigung von Subventionen und des Dilemmas wohnungspolitischer Entscheidungen beurteilt werden.

5.2.2 Instrumente im einzelnen

(1) Eigentumsförderung

Die Förderung der Wohneigentumsbildung wird - neben wohnungsmarktfremden Argumenten wie Altersvorsorge, Vermögensbildung - im allgemeinen damit begründet, daß der Eigentumserwerb das Wohnungsangebot grundsätzlich erweitert.[1] Darüber hinaus wird der Eigentumsförderung nachgesagt, sie biete dem Staat eine der kostengünstigsten Möglichkeiten, privates Kapital in den Wohnungsbau zu lenken. Ob es jedoch tatsächlich ein für den Staat relativ günstiges Instrument der Angebotserweiterung darstellt, müßte einmal anhand von Detailrechnungen überprüft werden. Zwar sind selbstnutzende Eigentümer üblicherweise bereit, für den Wohnungserwerb nicht nur beträchtliches Eigenkapital einzubringen, sondern auch eine hohe Belastung aus Fremdkapitalaufnahme zu tragen, aber die staatliche Subvention fällt unter die Rubrik "verlorener Zuschüsse".

---

[1] Das Ziel, die Eigentümerquote zu erhöhen, steht hier nicht mehr zur Diskussion,vgl. Kapitel 3.

Demgegenüber stehen den staatlichen Steuermindereinnahmen aus einer Investitionsförderung sofort Einnahmen aus den zu versteuernden Mieterträgen gegenüber.

Das Argument der Angebotsausweitung trifft natürlich nur dann zu, wenn Eigentum durch Neubau gebildet wird. Die steuerliche Eigentumsförderung heute begünstigt jedoch gleichermaßen den Erwerb von Gebrauchtwohnungen. Zur Angebotserweiterung trägt also diese Förderung nicht so wirksam bei, wie es eventuell möglich wäre. Im Gegenteil hat der Erwerb von Bestandswohnungen sogar eher nachteilige Folgen (Der Anteil des Gebrauchtwohnungserwerbs an der gesamten Eigentumsbildung ist in den letzten Jahren auf über 50 % angestiegen). Denn erstens verringern Umwandlungen von Miet- in Eigentümerwohnungen das dringend benötigte Angebot an oft preiswerten Mietwohnungen. Und zweitens wird in Marktsituationen wie der heutigen wegen der steigenden Preise und hohen Zinsen das Interesse an Gebrauchtwohnungen eher zunehmen, d.h. die Eigentumsförderung noch weniger Neubau zur Folge haben[1].

Ein weiteres Argument der Verfechter der Eigentumsförderung bezieht sich auf die sogenannten Sickereffekte. Diese besagen, stark vereinfachend ausgedrückt, daß ein Eigentumserwerber eine Mietwohnung freimacht, die über eine Umzugskette letztendlich eine preiswerte Wohnung für einkommensschwache Haushalte zur Verfügung stellt.[2] Heute wird aber allgemein eingesehen, daß Sickereffekte möglicherweise in Einzelfällen auftreten können - jedenfalls nur bei Umstieg von Miete auf Eigentum -, daß jedoch im Durchschnitt keine Wirkung auf die Wohnsituation einkommensschwacher Bevölkerungsgruppen erfolgt. Denn die Umzugsketten enden ganz überwiegend schon bei Haushalten der Einkom-

---

[1] Nach neuesten Daten der Hypothekenbanken gingen 1990 die Hypotheken-Zusagen für Bauherren von Eigenheimen und Eigentumswohnungen um 31 % zurück, vgl. Süddeutsche Zeitung vom 8.11.1990, Die hohen Zinsen ziehen bereits ihre Furchen.

[2] Infratest Wirtschaftsforschung, Sickereffekte verschiedener Formen der Wohn- und Bausparförderung, Schriftenreihe des Bundesministers für Raumordnung, Bauwesen und Städtebau 07.003, Bonn 1978.

mensmittelschicht, die ihre Nachfrage nach größerer Wohnfläche dank stärkerer Wohnkaufkraft durchsetzen können und freiwerdende Wohnungen absorbieren, ohne ihrerseits für weitere Umzügler Wohnraum zur Verfügung zu stellen. Gerade in angespannten Wohnungsmarktlagen (wie heute) dürften sich die für die Sickereffekte notwendigen Umzugsketten eher noch verkürzen, weil die Verteilung der Wohnkaufkraft noch weiter auseinanderklafft als in der Vergangenheit. Natürlich treten die beschriebenen Sickereffekte überhaupt nur bei Erwerb von Neubaueigentum ein.

Die Eigentumsförderung, die ja auch vorrangig anderen Zielsetzungen dient, trägt bei angespannten Wohnungsmärkten also weniger erfolgreich zur Angebotsausweitung bei und hilft auch nur begrenzt, soziale Härten durch die Bereitstellung preiswerten Wohnraums zu vermindern.

(2) Sozialer Mietwohnungsbau[1]

Die Förderung des Baus sozialer Mietwohnungen bietet - unabhängig von der Förderungsmethode - grundsätzlich die Möglichkeit, Effekte im Hinblick auf beide Ziele, Angebotsausweitung und Verminderung sozialer Härten, zu erzielen. Aber erstens läuft dieses Instrument völlig am Markt vorbei, seine Regelungen sind nicht systemkonform; als Folge sorgt der Staat durch diese Maßnahme für eine Marktspaltung. Insofern genügt die Förderung des sozialen Mietwohnungsbaus den marktwirtschaftlichen Anforderungen an Subventionen nicht. Aber auch wenn man davon absieht, den sozialen Wohnungsbau nach diesen strengen Richtlinien rechtfertigen zu müssen, weil beispielsweise soziale Gesichtspunkte absolute Priorität erhalten, ist dieses wohnungspolitische Instrument zweitens wegen seiner speziellen Ausgestaltung kritisch zu beurteilen.

---

1 Die Eigentumsförderung im sozialen Wohnungsbau wurde - in einer beispielhaften Ausgestaltung - quantitativ auf ihre Effizienz überprüft, vgl. Kapital 3.

Kritik am sozialen Wohnungsbau ist in der Literatur vielfältig, gut begründet und ausführlich belegt geäußert worden, so daß sich das folgende auf eine knappe, stichwortartige Zusammenstellung beschränken kann. Die hauptsächlichen Einwände betreffen die Handhabung dieses Instruments[1]:

- Subvention im 1. Förderweg ist unverhältnismäßig teuer, das beeinträchtigt ihre Effizienz.
- Die Anbieter bzw. Bauherren sozialer Mietwohnungen haben zu hohe Vorteile gegenüber nicht geförderten Anbietern, beispielsweise werden eine sofort ausgeglichene Wirtschaftlichkeit (über die Kostenmiete wird sofort eine Verzinsung des Eigenkapitals erreicht), Wertsteigerungen und Vermögenszuwächse sowie Steuervorteile bei der Subvention nicht berücksichtigt.
- Anbieter sozialer Mietwohnungen sind wegen des Kostenmietprinzips nicht gezwungen, wie andere Bauherren kostensparend und nachfragegerecht zu bauen.
- Die Mietpreise der Wohnungen richten sich nach Kosten- und Bewilligungsmiete und damit nach den Fördermodalitäten, sie sind aber nicht an Wohnungsmerkmalen (Wohnwert) und Marktgegebenheiten orientiert. Dadurch entstehen erhebliche Mietverzerrungen.
- Ein Anteil von rund 40 % der sozialen Mietwohnungen ist durch Haushalte belegt, die die Einkommensobergrenzen für die Berechtigung überschreiten (Fehlbeleger).
- Soziale Mietwohnungen konzentrieren sich nicht in den Zentren des Bedarfs, d.h. in den Ballungsgebieten. Die Subvention konnte nicht immer bedarfsgerecht gesteuert werden, weil in Gebieten großen Bedarfs die Baukosten zu hoch und das Bauland zu knapp waren.

---

[1] Zusammenstellung in Anlehnung an Wullkopf, U., Alte und neue Wege der Wohnungsbauförderung, in: Deutscher Verband für Wohnungswesen, Städtebau und Raumordnung (Hrsg.) Die vereinbarte Förderung nach § 88 d II. WoBauG für Mietwohnungen und Eigentumsmaßnahmen, Bonn 1990.

- Soziale Mietwohnungen werden oft lokal konzentriert, was zu unerwünschter Ghettobildung führt.
- Die künstliche Verbilligung im Bereich sozialer Mietwohnungen begünstigt eine Mehrnachfrage nach Wohnfläche und Wohnungsqualität (Unterbelegung).

Alle Kritikpunkte zusammengefaßt, lassen sich ungewollte Verteilungswirkungen und eine Fehlallokation von Wohnraum verzeichnen. Die eigentlichen Zielgruppen dieses Förderinstruments sind im sozialen Mietwohnungsbestand eher unterrepräsentiert.[1]

Geht man davon aus, daß die angesprochenen Probleme auch in Zukunft für neugebaute soziale Mietwohnungen nicht vermeidbar sind - erste Ansätze zur Vermeidung zeigen sich in neuen wohnungspolitischen Programmen (siehe unten) -, so müßte man grundsätzlich den sozialen Wohnungsbau als ungeeignetes Instrument ansehen. Das gilt insbesondere in der heutigen Wohnungsmarktlage, weil der Staat in einer Situation steigender Preise auch bei hohem Mitteleinsatz nur wenige Wohnungen fördern könnte und deswegen auch der Angebotserweiterungseffekt nur minimal ausfallen würde. Darüber hinaus ließe sich durch den Neubau die Problematik einkommensschwacher Haushalte nicht lösen, weil nur ein geringer Teil von ihnen begünstigt werden könnte.

Jedoch läßt sich die Fortführung des sozialen Mietwohnungsbaus, zwar nicht wohnungspolitisch, aber doch sozialpolitisch durchaus begründen. Nämlich dann, wenn Wohnungen ausschließlich für solche privaten Haushalte bereitgestellt werden, die am Markt nicht partizipieren können, und zwar diskriminierte Haushalte mit gesellschaftlich ausgrenzenden Charakteristika. In diesem Fall müßten aber die Gestaltung der Förderung und die Handhabung der Belegung geändert werden, damit die Wohnungen zielgruppengerecht verwendet werden

---

[1] Vgl. dazu auch Meyer, D., a.a.O..

können (Näheres zu den Anforderungen an eine neue Wohnungspolitik im Abschnitt 5.3).

In den wohnungspolitischen Programmen der jüngsten Zeit versucht der Staat, einige Probleme des sozialen Wohnungsbaus zu lösen. In den Koalitionsverhandlungen zu Beginn diesen Jahres wurde die Ausdehnung der bisher relativ unwirksamen Fehlbelegungsabgabe beschlossen. Danach wird einerseits die Möglichkeit, von einkommensstarken Mietern in Sozialwohnungen eine Fehlbelegungsabgabe zu verlangen für alle Bundesländer zur Verpflichtung erhoben, und andererseits die Höhe der Abgabe an der Differenz zwischen Marktmiete und Sozialmiete orientiert.[1]

Neben einer Reihe weiterer Korrekturversuche im Wohnungsbestand (z.B. Wohnungstausch) wurde insbesondere der sogenannte 3. Förderweg konzipiert, der die starren Prinzipien und Regelungen des 1. Förderwegs lockern soll. Wichtigste Unterscheidungsmerkmale des 3. gegenüber dem 1. Förderweg sind:

- Die Wohnungen sollen nicht mehr der Kostenmiete und der Wohnungsaufsicht nach dem Wohnungsbindungsgesetz unterliegen. An die Stelle dieser Regelungen tritt die Vereinbarung zwischen der fördernden Kommune und dem Bauherren, die die Höhe der Mieten und die Dauer von Miet- und Belegungsbindungen als Verhandlungsergebnis enthält.
- Da die Wohnungen nicht zu den preisgebundenen zählen, unterliegen sie den Bestimmungen des Miethöhegesetzes, soweit nicht die Vereinbarung Abweichendes festlegt.

Der Staat will damit "nur einen geringen, zeitlich begrenzten Eingriff in den allgemeinen Wohnungsmarkt" vornehmen, "kürzere Bindungen" ermöglichen und

---

[1] Koalitionsvereinbarung CDU/CSU und FDP, VII. Wohnungsbaupolitik, S. 46, Januar 1991.

damit Fördermittel einsparen.[1] Die sogenannte vereinbarte Förderung läßt darüber hinaus auch Tauschgeschäfte zwischen Bauherren und Kommune zu, d.h. die Kommune kann ein Bauvorhaben fördern und als Gegenleistung Belegungsbindungen an Bestandswohnungen erwerben.

Durch die erhöhte Flexibilität der Förderung erreicht dieses Instrument eine größere Marktnähe als der traditionelle soziale Mietwohnungsbau. Die Wirksamkeit hängt jedoch von der Art der Vereinbarungen zwischen Kommune und Bauherren ab und diese wiederum von der Wohnungsmarktsituation zum Zeitpunkt der Vereinbarung.

In der heutigen angespannten Lage - das zeigt auch die Praxis für eine allerdings bisher nur kurze Zeitspanne - wird der 3. Förderweg insbesondere in weniger attraktiven Wohnungsmärkten, also kaum in den Schwerpunkten des Bedarfs, angewendet. Die Ursachen dafür sind vor allem darin zu suchen, daß die vereinbarte Förderung hauptsächlich für private Investoren gedacht ist und interessant sein soll, weil die unternehmerische Wohnungswirtschaft steuerlich benachteiligt wird. Ein Zuschuß im 3. Förderweg senkt aber bei privaten Bauherren den steuerlich abschreibungsfähigen Betrag und damit die mögliche Steuerersparnis. Darüber hinaus muß der Investor über einen, wenn auch kurzen Zeitraum niedrigere Mieten in Kauf nehmen, die von einem nach § 25 II. Wohnungsbaugesetz Berechtigten zu zahlen sind. Will er jedoch nach Ablauf der Bindung die Miete auf Marktniveau anheben, so erwarten ihn mit hoher Wahrscheinlichkeit, wenn man kurze Zeiträume zugrundelegt, Schwierigkeiten mit seinem Mieter. Private Investoren neigen dazu, diesen Schwierigkeiten aus dem Weg zu gehen und lieber ohne öffentlichen Zuschuß zu bauen, wobei natürlich die volle Steuerersparnis ohne Bindungen erzielt werden kann.

---

[1] Bundesrats-Drucksache 446/88 vom 28.9.1988; Eckardt, W., Die vereinbarte Förderung aus der Sicht des Förderungsnehmers, in: Deutscher Verband für Wohnungswesen, Städtebau und Raumordnung (Hrsg.), Die vereinbarte Förderung nach § 88 d II. WoBauG für Mietwohnungen und Eigentumsmaßnahmen, Bonn 1990.

Berechnungen der öffentlichen Hand zum Nachweis der Attraktivität des 3. Förderwegs für private Investoren berücksichtigen die Steuerersparnis und die Wertsteigerung[1], gehen jedoch umgekehrt zu obiger Argumentation davon aus, daß der - auf die Steuerersparnis zugeschnittene - Zuschuß einen zusätzlichen Anreiz für die Investition bildet.

Da private Investoren jedoch unabhängig von diesen Überlegungen in der heutigen Situation den Kommunen gegenüber eine relativ starke Machtposition haben, müßte der Staat für Belegungsbindungen im Rahmen der vereinbarten Förderung vergleichsweise hohe Mittel einsetzen - ein Zuschuß, der die Steuerersparnis berücksichtigt, liefert wohl keinen ausreichenden Anreiz. Eine Kombination großer Förderungsbeträge pro Wohnung mit einer relativ kurzen Belegungsbindung ist jedoch insgesamt sicherlich weniger effizient als der traditionelle 1. Förderweg.[2]

Die relativ freie Handhabung dieses Instruments hat darüber hinaus unter Anfangsschwierigkeiten zu leiden, bis sich bestimmte Gewohnheiten einstellen und vor allem auch Investoren die Möglichkeiten, die die Förderung bietet, in ihre Kalkulation miteinbeziehen können.

Zusammenfassend läßt sich das neue Instrument der vereinbarten Förderung in vielerlei Hinsicht sicherlich positiv beurteilen, weil seine Marktnähe und seine flexible Handhabung die meisten der Probleme des traditionellen sozialen Mietwohnungsbaus vermeiden helfen. Unbestreitbar könnte das Instrument zur Angebotsausweitung und zur Vermeidung sozialer Härten beitragen, wenn sich genügend private Investoren fänden. Wenn jedoch die Investitionsanreize erst bei hohen Zuschüssen Wirkung entfalten, wie anzunehmen ist, dann muß eine positi-

---

1 Vgl. dazu Eckhardt, W., a.a.O..
2 Vgl. dazu die Überschlagsrechnungen von Brintzinger, O., Neue Wege in der Wohnungsbauförderung - das Instrument der vereinbarten Förderung, in: Informationsdienst und Mitteilungsblatt des VHW, 22/1989, S. 237.

ve Beurteilung relativiert werden. In der heutigen Wohnungsmarktsituation führen die Marktkonstellationen dazu, daß der 3. Förderweg wenig erfolgreich sein kann und je nach Gegebenheiten und Mitteleinsatz sowie Bindungsfristen an Effizienz mit hoher Wahrscheinlichkeit dem 1. Förderweg unterliegt - zumal dann, wenn die Probleme dort beseitigt werden.

Der 3. Förderweg ist einem weiteren Instrument aus der Gruppe sozialer Wohnungsbau dadurch sehr ähnlich, daß er den Tausch von Neubauförderung und Belegungsrechten im Bestand vorsieht. Als Alternative wird der reine Kauf von Belegungsrechten an bestehenden Wohnungen diskutiert und auch schon sporadisch praktiziert. Nach der Vorstellung des Staates könnte der Kaufpreis für das Recht, eine Wohnung mit einkommensschwachen Haushalten zu belegen, einerseits von der Dauer dieses Rechts und andererseits vom Unterschied zwischen Sozial- und Marktmiete bestimmt werden. Damit könnte man gegenüber dem Neubau sozialer Mietwohnungen den Vorteil erzielen, geringere öffentliche Mittel einsetzen zu müssen.

Im Gegensatz zum Neubau im 1. oder auch 3. Förderweg schafft der Ankauf von Belegungsrechten keine zusätzlichen Wohnungen - es sei denn, der Wohnungseigentümer investiert den erhaltenen Betrag im Wohnungsbau. Jedoch ist das Instrument marktkonform, flexibel und zur Verminderung sozialer Härten einzusetzen.

Seine Wirksamkeit ist aber in hohem Maße von der jeweiligen Wohnungsmarktlage abhängig. In Zeiten steigender Mieten infolge von Angebotsknappheit wird kaum ein Vermieter bereit sein - das zeigt auch die kommunale Praxis in den Zentren des Wohnungsbedarfs -, für die Differenz zur Marktmiete auf sein Verfügungsrecht über die Wohnung zu verzichten. Der Staat muß in solcher Lage also einen höheren Mitteleinsatz als geplant zur Unterbringung von Einkommensschwachen vornehmen. In der Diskussion bewegen sich die Vorstellungen zum

Kaufpreis von Belegungsrechten zwischen 40.000 und 60.000 DM pro Wohnung, wobei über die Bindungsdauer bisher wenig verlautete. Mit einem Mitteleinsatz in ungefähr gleicher Höhe will die öffentliche Hand im 3. Förderweg für ca. 7 Jahre Belegungsbindungen erreichen. Mit einem Einsatz von rund 150.000 bis 200.000 DM könnten im traditionellen 1. Förderweg Bindungen über einen Zeitraum von 20 bis 30 Jahren festgelegt werden. Allein dieser undifferenzierte Vergleich zeigt, daß die Alternativen zum 1. Förderweg ebenfalls relativ teuer sind.

Über diese Argumentation hinaus sollte man bedenken, daß der vorhandene Bestand an sozialen Mietwohnungen, die trotz Fehlbelegung und anderer Probleme für die Kommunen eine soziale Manövriermasse darstellen, in den vergangenen Jahren und zukünftig beschleunigt schrumpft. Ob sich die Wohnungsmärkte in absehbarer Zukunft in einer Situation befinden, in der man auf die Erhaltung bzw. das Wiederauffüllen der wegfallenden Belegungsrechte verzichten kann, ist sehr fraglich. Das würde voraussetzen, daß sich die Haushaltsgruppe, die auf Unterbringung durch die Kommune angewiesen ist, auf Dauer verkleinert. Damit ist jedoch in nächster Zukunft nicht zu rechnen. Und auch längerfristig, das zeigt die Erfahrung der letzten Jahrzehnte, wird immer wieder eine Anspannung der Wohnungsmarktsituation eintreten, die den Umfang der hilfsbedürftigen Bevölkerungsgruppe erhöht. Ob es wohnungspolitisch effizient ist, angesichts derart wahrscheinlicher Entwicklungen, eine Förderung einzusetzen, die kurze Bindungsfristen (mit vergleichsweise geringem Mitteleinsatz) in Kauf nimmt, muß zweifelhaft erscheinen.

Möglicherweise bleibt dem Staat vor dem Hintergrund angespannter Wohnungs- und Baumärkte, die ja auch die Effizienz des 1. Förderwegs beeinträchtigen, gar nichts anderes übrig, als zu versuchen, die bestehenden Belegungsbindungen zu verlängern und die Auffüllung langfristiger Belegungsrechte für einen Zeitraum entspannter Märkte vorzusehen (siehe auch Abschnitt 5.3).

(3) Steuerliche Anreize für Investoren

Grundsätzlich funktionieren die (relativ) freien bzw. freifinanzierten Mietwohnungsmärkte nach marktwirtschaftlichen Prinzipien. Die Besonderheiten des Produkts Wohnung, die Bedeutung, die dem Grundbedürfnis zugemessen wird, die relativ hohe Heterogenität und Intransparenz der Märkte usw. führen zwar immer wieder zu Problemen, aber die lösen sich - nach der marktwirtschaftlichen Doktrin - auf längere Sicht auch ohne staatliche Eingriffe, so daß der Staat sich ausschließlich auf eine wirkungsvolle soziale Absicherung konzentrieren kann. Zwar benötigt die Wohnungsproduktion relativ lange Zeiträume - was in der Vergangenheit zu Schweinezyklus-ähnlichen Abläufen geführt hat -, aber steigende Renditen bzw. Renditeerwartungen können auch am Wohnungsmarkt durchaus zu einer Angebotsausweitung führen.

Daß diese Anpassung des Wohnungsangebots in der heutigen Zeit steigender Nachfrage nicht mehr problemlos funktioniert, hat eine Reihe von Ursachen:

- Die Rentabilität, die als unabdingbare Voraussetzung für die Investition gilt, ist seit langem nicht mehr (von Anfang an) gegeben. Im Gegenteil öffnet sich die Schere zwischen Herstellungs- und Bewirtschaftskosten einerseits und Mieteinnahmen andererseits immer weiter.[1]
- Auch wenn die mögliche Wertsteigerung der Immobilie mit in die Rendite-Kalkulation einfließt, reicht die Rentabilität nicht aus. Hinzu kommt, daß vor allem in der Folge der letzten Nachfrageschwäche in der ersten Hälfte der achtziger Jahre die Wertsteigerungserwartungen gedämpft wurden, und zwar nachhaltig und mit teilweise irrationalen Effekten.
- Der private Investortyp früherer Jahre, beispielsweise der Handwerksmeister, der ein Miethaus zur inflationssicheren Alterssicherung baute, stirbt aus. An seine Stelle tritt heute mehr und mehr der auf kurzfristige Rendite fixierte Anle-

---

[1] Meyer, D., a.a.O..

ger, der alternative Formen der Kapitalanlage im Auge behält und nicht bereit ist, eine geringe - oder vorübergehend sogar keine - Rendite in Kauf zu nehmen.[1]

- Die gewerblichen Investoren in den Mietwohnungsbau, überwiegend kleine und mittlere Wohnungsbauunternehmen, sind größtenteils der letzten Kapazitätsverkleinerung der Bauwirtschaft zum Opfer gefallen.
- Nicht zuletzt haben institutionelle Anleger (z.B. Versicherungs-Unternehmen) diese Anlageform wegen zu geringer Rendite bzw. wegen günstigerer Anlagemöglichkeiten weitgehend aufgegeben.

Insgesamt leidet aber der freifinanzierte Wohnungsbau wohl eher an der staatlichen Unentschlossenheit zwischen Deregulierung der Wohnungsmärkte und staatlichen Eingriffen. Hier scheint einer der grundsätzlichen wohnungspolitischen Konflikte zu liegen, nämlich im permanenten Hin und Her zwischen einerseits der Betonung, daß die privaten Haushalte die gute Wohnungsversorgung auch endlich honorieren müßten, und andererseits verschiedenen Interventionen, um hohe Belastungen der Bevölkerung durch Wohnkosten möglichst zu vermeiden (siehe unten: Mietrecht). Dieses wohnungspolitische Verhalten führt grundsätzlich zu einer erhöhten Vorsicht potentieller Investoren und möglicherweise zu Risikoaufschlägen in der Rentabilitätsberechnung.

Um die momentane Zurückhaltung zu überwinden, bietet es sich an, die Möglichkeiten steuerlicher Abschreibung für Investoren in den Mietwohnungsbau zu verbessern. Allerdings sollte diese Maßnahme zeitlich befristet sein, um die Marktprozesse nicht mehr als nötig zu stören. Folgerichtig hat der Staat die Abschreibungsdauer für neugeschaffene Mietwohnungen von bisher 50 auf 40 Jahre verkürzt. Mit Wirkung von März 1989 gilt im Rahmen des § 7,5 EStG ein er-

---

[1] Vgl. dazu u.a. Schmidt-Eichstaedt, G., Wohnungszwangswirtschaft und Mietpreisbindung - geeignete Instrumente zur Beseitigung der Wohnungsnot? in: Juristische Rundschau, 2/1983, S. 47.

höhter anfänglicher Abschreibungssatz von 7 %. Eine zeitliche Begrenzung dieser Maßnahme ist noch nicht vorgesehen.

Ob jedoch diese Abschreibungsverbesserung in der Lage ist, nachhaltig Investitionen in den Mietwohnungsbau zu fördern, muß dahingestellt bleiben. Dagegen spricht nicht nur die Situation am Baumarkt, die, wenn sich viele private Investoren finden, bei der gegenwärtigen Kapazitätsauslastung eher zu Preissteigerungen führt.

Die Erhöhung der Abschreibungssätze ruft sicherlich auch Investoren auf den Plan, die entweder in Erwartung wohnungspolitischer Beschlüsse abgewartet haben oder eine sowieso geplante Investition vorziehen. Verursacht werden dadurch sogenannte Mitnahmeeffekte, die nur scheinbar eine zusätzliche Angebotsausweitung hervorrufen. In Fachkreisen wird in diesem Zusammenhang von den "bekannten Strohfeuereffekten" gesprochen.[1]

Die Wirksamkeit der Abschreibungsverbesserung wird auch dadurch begrenzt, daß andere vergleichbare Kapitalanlageformen heute höhere Renditen versprechen. Beispielsweise können die Herstellungs- bzw. Anschaffungskosten von gewerblichen Immobilien seit 1985 mit einem Eingangssatz von 10 % innerhalb von 25 Jahren abgeschrieben werden. Zumindest unter dem Gesichtspunkt der Steuerersparnis ist diese Anlageform für Bezieher hoher Einkommen interessanter.

Die Förderung des Mietwohnungsbaus über eine Erhöhung der Abschreibungssätze kostet den Staat relativ viel, jedoch erhält er dafür keine Gegenleistung in Form von Mietpreis- und/oder Belegungsbindungen. Trotzdem ist das Instrument wegen seiner Marktkonformität grundsätzlich durchaus positiv zu beurteilen -

---

[1] Vgl. dazu u.a. Beyer, H.-J., Die neue Wohnungspolitik aus der Sicht der öffentlichen Banken, in: Der Langfristige Kredit, 1/1990.

sofern der Staat seine Maßnahme befristet. Zieht man aber in Betracht, daß zum gegenwärtigen Zeitpunkt die Wirkung eher gering sein wird, so muß unter diesem Gesichtspunkt die Effizienz eher niedrig eingeschätzt werden.

Auch die Variante einer erhöhten Abschreibung mit Sozialbindung (§ 7k EStG) muß unter den gleichen Gesichtspunkten als nicht sehr erfolgversprechend angesehen werden. Nach Berechnungen verschiedener Institutionen rechnet sich für einen Investor die erhöhte Abschreibung mit einem Satz von 10 % im Tausch gegen die geringeren Sozialmieteinnahmen nicht,[1] d.h. die Steuerersparnis bietet nur in Ausnahmefällen einen vollen Ausgleich.

(4) Mietrecht

Von vielen Seiten wird behauptet und theoretisch plausibel gemacht, daß das Mietrecht - Mieterkündigungsschutz in Kombination mit dem Miethöhegesetz - Investitionen in den Wohnungsbau behindert. Zwar belasten die Mietrechtsbestimmungen die öffentlichen Haushalte nicht direkt, könnten aber indirekt dadurch, daß sie Neubauinvestitionen hemmen, doch staatliche Aufwendungen verursachen. Die gesetzlichen Regelungen verfolgen das Ziel, die Mieter vor Ausbeutung durch die Vermieter zu bewahren und ihre Rechte zu stärken.

Von marktwirtschaftlichen Theoretikern wird das geltende Mietrecht angegriffen, weil die Vertragsfreiheit durch den Kündigungsschutz und das Miethöhegesetz beschränkt wird und dieses tendenziell zu einer Übernachfrage nach Wohnraum führt.[2] Wenn der Preismechanismus nicht mehr funktioniert, können Vermieter auch nicht die Risiken und Kosten spezieller Haushaltsgruppen, wie Einkommensschwache oder Kinderreiche, durch eine erhöhte Miete kompensieren. Vor allem der Kündigungsschutz verursacht tendenziell eine Verknappung des Woh-

---

[1] Vgl. u.a. Wirtschaftswoche vom 9.2.1990, Etikettenschwindel.
[2] Vgl. hierzu und zum folgenden unter vielen anderen Meyer, D., a.a.O..

nungsangebots, weil beispielsweise Wohnungen, die in absehbarer Zeit selbstgenutzt oder modernisiert werden sollen, in der Zwischenzeit unvermietet bleiben. Eine Aufhebung des gesamten Mietrechts könnte zwar vorübergehend zur mißbräuchlichen Ausnutzung einer relativen Machtstellung durch den Vermieter führen, jedoch dürften nach den Vorstellungen der Marktwirtschaftler die Konkurrenz zwischen den Anbietern und rasche Anpassungsprozesse in der Menge der angebotenen Wohnungen die Position der Nachfrage bald wieder stärken.

Dieser Rückzug auf rein theoretische marktwirtschaftliche Zusammenhänge unterschätzt nicht nur die Heterogenität und Intransparenz der Wohnungsmärkte sowie weitere Besonderheiten des Produkts und des Marktes (z.B. lokale Gebundenheit von Wohnungen und Haushalten, hohe Umzugsmühen und -kosten), sondern auch die gravierenden sozialen Probleme während einer mit hoher Wahrscheinlichkeit lang dauernden Anpassungsphase des Wohnungsangebots. Gerade vor dem Hintergrund der momentanen Wohnungsmarktsituation in den westdeutschen Bundesländern sowie der bauwirtschaftlichen Kapazitätsgrenzen wird die Ausweitung des Angebots, die ohnehin schon einen längeren Planungs- und Produktionszeitraum benötigt, nur in kleinen Schritten vonstatten gehen. In der Zwischenzeit jedoch muß der Staat, seiner Sozialverpflichtung folgend, nicht nur die Wohnraumversorgung der Problemgruppen und der Einkommensschwachen sicherstellen, sondern auch dafür sorgen, daß die Wohnkostenbelastung tragbar bleibt. Dazu eignet sich u.a. das bestehende Mietrecht, das Kündigungen möglichst verhindert und die Mieterhöhungsmöglichkeiten begrenzt.

Möglicherweise würden marktbestimmte Mietsteigerungen in der heutigen Situation wesentlich höher ausfallen und einen stärkeren Anreiz für Neubauinvestitionen liefern. Der Staat könnte die anfallenden sozialen Probleme vielleicht über das Wohngeld lösen (dazu siehe unten), jedoch müßte das Volumen dieses Instruments ganz erheblich steigen. Solange sich also der Staat selbst zur Durchsetzung relativ umfassender und hoch gesteckter sozialer Versorgungsnormen verpflichtet, bietet das Mietrecht die relativ kostengünstigste Möglichkeit, zumindest die Ausweitung sozialer Probleme zu begrenzen.

Jedoch wirkt der Mieterschutz ausschließlich für Haushalte, die eine Wohnung besitzen. Wohnungssuchende werden demgegenüber im Vergleich zu rein marktwirtschaftlichen Lösungen stärker benachteiligt, weil sie den bei Neuvermietung hohen Preis zahlen müssen, der allein zur Anpassung an ein marktbedingtes Mietniveau herangezogen werden kann und der deshalb relativ höher als die Marktmiete angesetzt werden muß.

In der Literatur wird jedoch argumentiert, daß das Mietrecht die Vertragsfreiheit keineswegs über die üblichen gesetzlichen Beschränkungen hinaus eingrenzt und daß nicht einmal der Mieterhöhungsspielraum allzu weit von der Marktmiete entfernt sein kann, vor allem seitdem ausschließlich Neuvermietungsmieten in die kommunalen Mietspiegel eingehen.

Der Kündigungsschutz zwingt den Vermieter lediglich dazu, mit einem vertragstreuen Mieter rational umzugehen, und das Vergleichsmietenprinzip schneidet lediglich Preisspitzen ab[1]. Die geltende Vergleichsmiete gilt jedenfalls allemal nur als "verzögerte Marktmiete"[2], und ihr wird darüber hinaus nachgesagt, daß sie wie alle Preisbegrenzungsverfahren, die mit Vergleichspreisen arbeiten, in aller Regel eher preistreibend als preisdämpfend wirkt.[3] Untersuchungen zur Wirkung des Mietrechts aus den siebziger Jahren haben ergeben, daß sich die Mietvertragsparteien nur kaum merkbar durch Veränderungen des Mieterschutzes beeinflussen lassen. Vermieter richten ihr Verhalten nach wie vor insbesondere an den ökonomischen Signalen des Marktes aus[4]. Die Wirkungen des Mietrechts

---

1 Hierzu und zum folgenden Derleder, P., Mietrecht als Mittel oder als Hemmnis der Wohnungsversorgung, in: Zeitschrift für das gemeinnützige Wohnungswesen in Bayern, 8/1990.

2 Eekhoff, J., Staatliche Mietdämpfung - eine gut gemeinte Maßnahme mit negativen sozialen Folgen, in: Der Langfristige Kredit, 19/1989.

3 Schmidt-Eichstaedt, G., a.a.O..

4 Derleder, P., a.a.O..

dürften trotz gewisser Nachteile die Wohnungsmarktprozesse nicht durchgreifend behindern. Wenn das jedoch so ist, dann kann von ihnen auch kein ausschlaggebendes Hemmnis für den Mietwohnungsneubau ausgehen. In jedem Fall sind die sozialen Wirkungen des Mietrechts für die Wohnungspolitik hilfreich.

Damit jedoch die geringfügige Marktstörung durch das Mietrecht nicht in ein tatsächliches Hemmnis für Investitionen in den Mietwohnungsbau umschlägt, sollte der Staat hier - wie bei anderen Maßnahmen auch - eine eindeutige Entscheidung treffen. In den vergangenen Jahren wurde demgegenüber das Mietrecht nicht nur im Rahmen von Deregulierungsabsichten immer wieder und ausgiebig diskutiert, sondern auch, allerdings relativ geringfügig, geändert. Das Mietrechtsänderungsgesetz von 1982, das mit der ausdrücklichen Absicht erlassen wurde, das Mietwohnungsangebot zu steigern,[1] zeigt, wie unentschlossen der Staat einerseits marktwirtschaftliche, andererseits soziale Ziele verfolgt. Zwar wurden im Rahmen des Wohnungsbauerleichterungsgesetzes von 1990 noch einmal kleinere Eingriffe in das Mietrecht vorgenommen (z.B. die Vermietung von Ferienwohnungen und Einliegerwohnungen betreffend), aber auf der anderen Seite intensiv über eine erneut stärkere Regulierung der Miethöhe diskutiert (Kappungsgrenzen).

Diese Unentschlossenheit schadet dem Mietwohnungsneubau sicherlich mehr als das Mietrecht selbst. Investoren treffen ihre Entscheidungen für Mietimmobilien unter längerfristigen Gesichtspunkten. Rentabilitätsberechnungen und Renditeerwartungen sind deshalb langfristig angelegt und müssen auf langfristig gültigen Rahmenbedingungen aufbauen.[2] Zu diesem verläßlichen Rahmen gehören in erster Linie die gesetzlichen Regelungen zum Kündigungschutz und zur Miethöhe. Eine häufige Veränderung dieser Regelungen läßt realistische Rentabilitäts-

---

1 Das Gesetz wurde 1982 auch bezeichnenderweise unter dem Titel "Gesetz zur Erhöhung des Angebots an Mietwohnungen" in Kraft gesetzt.

2 Vgl. u.a. Sonnenschein, J., Die Stellung des Vermieters im System des Kündigungsschutzes, in: Zeitschrift für das gemeinnützige Wohnungswesen in Bayern, 10/1990.

berechnungen nicht zu und verunsichert den potentiellen Investor. Deshalb und weil keine gravierenden Marktstörungen von ihm ausgehen, sollte das Mietrecht in der heute gültigen Form beibehalten und auf längere Sicht unverändert belassen werden. Die hemmenden Wirkungen auf die Angebotserweiterung werden wohl in erster Linie in den häufigen Dikussionen herbeigeredet und verursachen wegen der Wichtigkeit, die ihnen dort zugemesen wird, eine allgemeine Unsicherheit.

Die Wirkungen des Mietrechts auf den Wohnungsmarkt mögen Vorteile und einige Nachteile, gemessen an politischen Zielen, mit sich bringen. Der Staat jedenfalls sollte zwar mit diesen Wirkungen im Sinne einer Erleichterung seiner sozialen Verpflichtung rechnen, aber das Mietrecht möglichst nicht als - kurzfristig einsetzbares - wohnungspolitisches Instrument benutzen.

(5) Wohngeld

Das Wohngeld gehört zwar nicht zu den auf das Wohnungsangebot gerichteten wohnungspolitischen Instrumenten - seine Effizienz wurde oben unter Nachfragegesichtspunkten analysiert -, aber die staatlichen Wohngeldzahlungen haben natürlich indirekt sehr wohl eine angebotsrelevante Wirkung. Wenn der Staat marktwirtschaftlichen Prinzipien am Wohnungsmarkt stärker Geltung verschaffen will, so könnte das Wohngeld eine wichtige Aufgabe bei marktbedingten Mietsteigerungen übernehmen.

Wohngeldzahlungen erlauben es Haushalten der vom Einkommen her berechtigten Gruppen, mit einer erhöhten Wohnkaufkraft am Markt aufzutreten. Die so oft beklagte und als Haupthinderungsgrund für Wohnungsbauinvestitionen angesehene Schere zwischen Mieten und Kosten kann dadurch verkleinert werden. Die von den potentiellen Investoren eingeforderten Mietsteigerungen könnten stattfinden, so daß das Wohnungsangebot in der Folge über vermehrte Investitionen ausgeweitet würde. Soziale Härten in Form zu hoher Budgetbelastung der einkommensschwachen privaten Haushalte würden durch das Wohngeld vermieden.

Allerdings ist zu bezweifeln, ob das Wohngeld tatsächlich diese Wirkungen im angestrebten Umfang erzeugen kann. Nach Schätzungen von verschiedenen kompetenten Seiten nehmen heute nur 40 bis 50 % der Berechtigten Wohngeld in Anspruch. Die Effizienz dieser Maßnahme - gemessen an der Wohnraumversorgung - ist äußerst gering (vgl. Kapitel 3); der Einfluß des Wohngelds auf die Wohnungswahl der Haushalte hat sich in Regressionsschätzungen als nicht signifikant herausgestellt.[1] Unter diesen Aspekten kann das Wohngeld in der heute gültigen Form nicht einmal die ihm zugedachte Aufgabe erfüllen. Die Gründe dafür liegen sicherlich nicht nur in mangelnder Informiertheit und scheuer Zurückhaltung der einkommensschwachen Haushalte, sondern sind auch darin zu suchen, daß

- der Staat seine Wohngeldzahlungen viel zu selten an steigende Mieten und Einkommen anpaßt (die Wohnungswahl auch von Mieterhaushalten unterliegt, ebenso wie die der selbstnutzenden Eigentümer und der Investoren, einer Überprüfung längerfristiger Zahlungsfähigkeit und ist deshalb auf verläßliche Rahmenbedingungen angewiesen);
- die Staffelung des Wohngeldes nach Haushaltsgröße, Wohnungstyp und Region noch nicht ausreicht, sozial bedürftige Haushalte in dem für sie notwendigen Maße zu begünstigen; möglicherweise würde eine über spezielle Zuschläge geregelte weitere Differenzierung nach Merkmalen, die der Diskrimi-

---

[1] Behring, K., A. Börsch-Supan, G. Goldrian, Wohnungsnachfrageprognose 1995, a.a.O..

nierungspraxis der Vermieter entsprechen, wie beispielsweise Dauer der Arbeitslosigkeit, Alter, ethnische Zugehörigkeit, das Wohngeld treffsicherer machen;[1]

- die Wohngeldbeträge, vor allem in attraktiven Ballungsgebieten, trotz Einführung der sechsten Wohngeldstufe zu niedrig sind, um die Wohnkaufkraft nachhaltig zu erhöhen.

Dahinter steckt aber auch noch ein weiterer, tiefer gehender Grund: Der Staat möchte eine Wohnungsversorgung erzielen, die seinen bzw. den gesellschaftlichen Vorstellungen entspricht. Diese Vorstellungen oder Normen müssen jedoch im Einzelfall nicht mit den Bedürfnissen eines Haushalts übereinstimmen. Die Nichtinanspruchnahme von Wohngeld kann auch Folge einer Verweigerungshaltung sein; beispielsweise könnte ein Haushalt in einer kleinen billigen Wohnung bleiben - und dafür kein Wohngeld beziehen -, anstatt die vom Staat für ihn vorgesehene große teure, aber wohngeldgestützte Wohnung auszuwählen. Die Frage, inwieweit der Staat seine Wohnungsversorgungsnormen berechtigterweise trotzdem aufrechterhält, berührt die Frage nach dem Stellenwert der Konsumentensouveränität in einer sozialen Marktwirtschaft.

Offensichtlich will die Gesellschaft in der Bundesrepublik unter dem Aspekt der Stabilität des Gesellschaftswesens auch gegen die für einen funktionierenden Markt notwendige Freiheit der Konsumentenentscheidungen eine bestimmte Wohnungsversorgung verwirklichen. Deshalb auch werden Wohngeldzahlungen an die Wohnung gebunden und nicht als allgemeine Transfers konstruiert. So trägt das Wohngeld verteilungspolitische Züge; generelle Verteilungsziele könnten jedoch durch allgemeine Transfers eher erreicht werden.[2]

---

[1] Bärsch, J., K. Novy, a.a.O.

[2] In der ökonomischen Theorie wird den allgemeinen Transfers in der Regel der Vorzug gegeben; vgl. dazu Meyer, D., a.a.O., und Bärsch, J.,K. Novy, a.a.O..

Das Wohngeld-Instrument kann durchaus, faßt man alle Argumente zusammen, zur Angebotsausweitung eingesetzt werden, es ist marktkonform, flexibel und treffsicher. Jedoch müßte der Staat, um die gewünschte Wirkung zu erzielen, die Maßnahme umgestalten und die gezahlten Beträge kräftig erhöhen. Nützlich wären nicht nur eine - eventuell automatische - Dynamisierung des Wohngelds, sondern auch eine Vertrauen schaffende Ankündigung der Dauerhaftigkeit solcher Regelungen. Nur in dieser Form könnte das Wohngeld Einfluß auf die Renditeerwartungen potentieller Investoren nehmen. Die staatlichen Aufwendungen würden in der Folge, zumindest für eine längere Übergangszeit, wahrscheinlich um ein Mehrfaches ansteigen.

5.2.3 Würdigung der angebotsrelevanten Maßnahmen

Die meisten Maßnahmen der heutigen Wohnungspolitik sind, jeweils isoliert betrachtet, durchaus zielgerichtet und auch als erfolgversprechend zu beurteilen. Eine veränderte Ausgestaltung könnte in vielen Fällen die beabsichtigten Ziele eher erreichbar machen. Das gesamte wohnungspolitische Instrumentenbündel jedoch macht eher einen komplizierten und wirren Eindruck. So sind die einzelnen Instrumente untereinander nicht widerspruchsfrei (beispielsweise Eigentumsförderung für Gebrauchtwohnungen - Erwerb von Belegungsrechten) bzw. versuchen, ein und dasselbe Ziel konkurrierend zu erreichen (beispielsweise 3. Förderweg - erhöhte Abschreibung mit Belegungsbindung). In der Literatur wird das Maßnahmenbündel teilweise recht hart kritisiert:

- schwer zu überblickende Komplexität (Meyer),
- hektische, ökologisch und sozial undurchdachte Programme (Derleder),
- schädliches, ständiges Auf und Ab durch Senken, Aufstocken und wieder Senken der Bundesmittel (Beyer),

- kontraproduktiv, unwirtschaftlich und politisch fragwürdig (Miegel)[1].

Die Kritik richtet sich nicht nur gegen die Wirksamkeit bzw. Effizienz des Instrumentariums, sondern auch gegen die zunehmende Kompliziertheit der Interventionen und vor allem gegen das Hin und Her zwischen Deregulierung und erneuten Regulierungen. Darüber hinaus wird immer wieder angesprochen, daß vor allem der Zeitpunkt für Instrumenten-Änderungen falsch gewählt ist, daß "die Segnungen der ... Programme weniger den Wohnungssuchenden als vielmehr den Bauunternehmen zugute kommen".[2] Darin zeigt sich nicht nur eine relative Hilflosigkeit der Wohnungspolitik, die darauf zurückzuführen ist, daß immer nur und oft zu spät reaktive politische Entscheidungen getroffen werden, sondern auch, daß ungelöste, verdeckte Konflikte in den Zielsetzungen vorhanden sind. Diese Konflikte betreffen Zielwidersprüche zwischen den verschiedenen Politikbereichen (z.B. Wohnungsversorgung versus Umweltschutz und Raumordnung), aber auch und vor allem Widersprüche in der Wohnungspolitik selbst (Marktwirtschaft gegenüber gesellschaftlichen Normen).

Deshalb werden wohnungspolitische Maßnahmen momentan auch kaum zu einer raschen Beseitigung der Engpässe an den Wohnungsmärkten beitragen. Allerdings steht die Wohnungspolitik derzeit vor einer ungewohnt schwierigen Situation, die eigentlich eher flankierende, vorsichtig dosierende und langfristig orientierte Maßnahmen erfordert. Die zu erwartende weitere Entwicklung der Wohnungsnachfrage wird auch bei steigendem Wohnungsangebot eher noch zu einer Verschärfung der Wohnungsmarktprobleme führen und damit die Situation der Wohnungspolitik nicht erleichtern. In der augenblicklichen Lage ist es jedenfalls eine Illusion zu glauben, daß durch verstärkten Aktionismus die Probleme zu lösen wären.

---

1 Miegel, M., Grundlagen der Bau- und Wohnungspolitik - überprüfte Thesen, in: Der Langfristige Kredit, 22+23/1990.

2 Beyer, H.-J., a.a.O..

5.3 Grundsätzliche Anforderungen an ein wohnungspolitisches Konzept

Aus der oben in einer knappen Zusammenstellung skizzierten Kritik am traditionell eingesetzten und aktuell gestalteten wohnungspolitischen Instrumentarium lassen sich einige grundsätzliche Anforderungen an die Wohnungspolitik ableiten. Derzeit gültige Ausgestaltungen der Maßnahmen, spezielle Konstruktionen u.a. sowie weitere konkrete Vorschläge sollen jedoch hier nicht mehr diskutiert werden.

Eher stichwortig werden im folgenden diese Anforderungen aufgezählt:

- Anstehende Konflikte zwischen verschiedenen Politikbereichen sollten offengelegt und - sei es durch tragfähige Kompromisse - gelöst werden, damit nicht bei jeder neuen Konzeption, Veränderung oder Umgestaltung eines wohnungspolitischen Instruments latente Umstimmigkeiten in die Instrumentengestaltung eingehen und die Wirksamkeit beeinträchtigen. Beispielsweise verfolgt die Raumordnungspolitik das Ziel, eine weitere Zuwanderung in attraktive Ballungsgebiete zu verhindern. Erreicht werden könnte diese Zielsetzung u.a. dadurch, daß man die abschreckende Wirkung hoher Preise in den Ballungszentren wirksam werden läßt. Die Wohnungspolitik hingegen konterkariert diese Wirkung durch Einführung einer sechsten Wohngeldstufe, geht aber in dieser Maßnahme nicht so weit, die bestehende Mietdifferenz zu anderen Regionen voll zu berücksichtigen. Sollte dieses der geforderte Kompromiß sein, so wäre es sicherlich sinnvoll, ihn auch als solchen öffentlich - und verläßlich - zu machen. Jedoch plädiert der Staat neuerdings dafür, ein kommunales Wohngeld in den Zentren der Marktengpässe einzuführen[1].
- Auch die der Wohnungspolitik immanenten Konflikte stehen zu einer Lösung an. Der ordnungspolitische Rahmen einschließlich der Art der gewählten Ein-

[1] Vgl. dazu Eekhoff, J., Staatliche Mietdämpfung - eine gut gemeinte Maßnahme mit negativen sozialen Folgen, a.a.O..

griffe sollten nicht von der jeweiligen Wohnungsmarktlage abhängig gemacht werden. Sollte man sich für einen marktwirtschaftlichen Rahmen entscheiden, so könnte man sicherlich adäquate Instrumente konstruieren, deren Wirksamkeit in entspannten Märkten nachläßt, während sie bei Wohnungsmarktanspannung voll wirken.

- In engem Zusammenhang mit den immer wieder aufscheinenden ungelösten Widersprüchen steht der häufige Richtungswechsel wohnungspolitischer Maßnahmen. Alle Marktteilnehmer sind aber wegen der langfristigen Wirkungen ihrer Entscheidungen auf verläßliche und nicht permanent änderungsanfällige wohnungspolitische Determinanten angewiesen. Ein Verlust dieser Verläßlichkeit führt zu Unsicherheit und Zurückhaltung, die nur schwer zu beseitigen sind. Aus diesem Grund wird auch in Fachkreisen vor allem eine Verstetigung der Wohnungspolitik gefordert (Sonnenschein, Beyer, Miegel, Meyer).
- Eine Verstetigung der Politik kann jedoch nur erreicht werden, wenn prinzipiell von der (jetzt allein auf spezielle Wohnungsmarktlagen) mit Verspätung reagierenden zu einer vorsorgenden und vorausschauenden Politik übergangen wird.
- Die Wohnungspolitik sollte ihr Instrumentenbündel vereinfachen und für ein konsistentes System sorgen[1]. Es ist wichtig, daß alle Wohnungsmarktbeteiligten einen Überblick über mögliche Förderungsinanspruchnahme haben und daß auch die Wirkung einer Maßnahme auf ihre Wohnungswahl bzw. ihre Investitionsentscheidung durchschaubar wird.
- Dazu gehört unter anderem, daß Subventionen nach Gießkannenprinzip abgebaut werden, die in unübersehbarem Maße Mitnahmeeffekte erzeugen.
- Diese Forderung läßt sich allerdings nur erfüllen, wenn die im II. Wohnungsbaugesetz breit und unklar formulierten Zielsetzungen in konkrete Normen umgesetzt sind. Die Konkretisierung der wohnungspolitischen Ziele ist unabdingbare Voraussetzung für die Konzeption und Überprüfung von Instrumenten.

---

[1] Vgl. dazu u.a. Meyer, D., a.a.O..

- Die momentane Lage am Wohnungsmarkt erfordert von der Wohnungspolitik eine eher zurückhaltende Aktivität. Da Maßnahmen zur raschen Ankurbelung des Wohnungsbaus wegen der begrenzenden Baukapazitäten weitgehend wirkungslos versickern - abgesehen von Preis- und/oder Mitnahmeeffekten -, sollte sich die Politik hier allenfalls auf knapp dosierte Eingriffe beschränken, jedoch, die Marktentwicklung unterstützend, sich verstärkt auf die Vermeidung sozialer Härten konzentrieren. Das kann über eine Subventionierung der Mietbelastung erfolgen, muß aber auch die Bereitstellung von Wohnraum für unversorgte Haushalte einschließen.
- Daß der Staat einen sozial gebundenen Wohnungsbestand vorhalten sollte, ist im allgemeinen unbestritten.[1] Momentan schrumpft der Sozialwohnungsbestand - auch infolge zusätzlich ermöglichter vorzeitiger Rückzahlung - erheblich. Bevor der Neubau sozialer Mietwohnungen gefördert wird, sollte der Staat versuchen, die noch vorhandenen Bindungen zu verlängern.
- Zu einer vorsorgenden Wohnungspolitik gehört es u.a., so in den Markt einzugreifen, daß die marktimmanenten Zyklen möglichst gedämpft werden. In dieser Hinsicht ist zu fordern, vorausschauend in angemessenem Umfang Belegungsrechte im Bestand oder durch Wohnungsneubau zu sichern oder zu erwerben. Denn die Gruppe der Haushalte, die grundsätzliche Zugangsschwierigkeiten zum Markt haben, wächst bei Marktanspannung erheblich, und eine Ausweitung der staatlichen Zugriffsmöglichkeiten auf Wohnungen zu ihrer Versorgung ist in solchen Zeiten extrem teuer, heizt die Preisentwicklung weiter an und ist darüber hinaus nur äußerst begrenzt möglich.[2]

Die genannten Anforderungen stehen relativ unverbunden nebeneinander. Wie schon oben betont, konnte kein geschlossenes und umsetzbares Konzept ent-

---

1 Vgl. u.a. Osenberg, H., Die soziale Reserve des Wohnungsmarktes nimmt weiter ab, in: Informationsdienst und Mitteilungsblatt des VHW, 22/1989, sowie Ulbrich, R., Aufhebung der Wohnungsgemeinnützigkeit: Wirtschaftliche Vorteile, soziale Nachteile, in: Der Langfristige Kredit, 16/1988.

2 Eekhoff, J., Wohnungspolitik für eine neue Zeit, a.a.O..

wickelt werden. Die Wirkungen und Wechselwirkungen wohnungspolitischer Maßnahmen, die auf das Wohnungsangebot gerichtet sind, lassen sich ohne zu starke Vereinfachungen in den komplexen und interdependenten Wohnungsmärkten nicht in vollem Umfang und allen Details verfolgen - sofern nicht die Hilfestellung eines der Komplexität angemessenen Modells in Anspruch genommen werden kann.

Zudem könnte der unvermittelte Übergang zu einer vom Ansatz her neuen wohnungspolitischen Konzeption - das wurde oben schon angesprochen - so hohe Kosten, und zwar nicht nur volkswirtschaftliche, sondern auch gesellschaftliche, verursachen, daß das politische System instabil wird. Deshalb können Veränderungen des Konzepts der Wohnungspolitik nur mit längerfristigem Horizont schrittweise und mit flankierenden Maßnahmen vorgenommen werden. Einige der wohnungspolitischen Entscheidungen der jüngeren Vergangenheit lassen diese Absicht vermuten, jedoch wurde die Richtung nicht konsequent eingehalten.

C. Zusammenfassung

1. Einführung in die Fragestellung des Gutachtens

1.1

Das freie Spiel der Marktkräfte im Wohnungsmarkt führt zu Ergebnissen, die sozialpolitisch nicht immer erwünscht sind. Die Sozialverpflichtung des Staates aus dem Grundgesetz zwingt deshalb zu Eingriffen in die Wohnungsmarktmechanismen. Der Staat versucht mit den unterschiedlichsten Instrumenten, die Belegung der Wohnungen durch die Haushalte, die sogenannte Wohnungsversorgung, unter sozialen Aspekten zu korrigieren. Spezielle wohnungspolitische Ziele sind im Wohnungsbaugesetz niedergelegt.

Die eingesetzten - und denkbaren bzw. diskutierten - Instrumente sind, gemessen an wohnungspolitischen Zielen, in unterschiedlichem Grade effizient, so daß der Wegfall relativ ineffizienter Maßnahmen zugunsten einer Ausweitung der effizienteren die Gesamt-Effizienz der Wohnungspolitik erhöhen könnte. Sofern durch eine derartige Umschichtung keine Mehrkosten des Staates im wohnungspolitischen Etat entstehen, erscheint die Befolgung eines entsprechenden Vorschlags sinnvoll und nützlich.

1.2

Als Folge des heute für diese Untersuchungszwecke zur Verfügung stehenden wissenschaftlich-methodischen Instrumentariums konzentriert sich die Effizienzanalyse wohnungspolitischer Maßnahmen im vorliegenden Gutachten auf solche, die die Nachfrageseite des Wohnungsmarktes betreffen. Angebotsrelevante Maßnahmen, für die ein entsprechendes Analyse-Instrumentarium fehlt, sind ergänzend nur argumentativ, kritisch beleuchtet.

Nachfrage-spezifische politische Instrumente, insbesondere die der Eigentumsförderung, rufen häufig nicht nur eine veränderte Versorgung der privaten Haushalte im Wohnungsbestand hervor, sondern erzeugen auch eine Zusatz-

Nachfrage, die nicht mehr über den vorhandenen Bestand gedeckt werden kann. Diese Zusatz-Wohnungsnachfrage wird sich in einer Erhöhung der Nachfrage nach Bauleistungen niederschlagen. Eine Steigerung der Wohnungsbauproduktion wiederum erzeugt über die verschiedenen volkswirtschaftlichen Interdependenzen unter anderem auch erhöhte Einnahmen des Staates. Methodisch und inhaltlich von der Effizienzanalyse getrennt wird deshalb die Inzidenz des Staatsbudgets als Folge einer Erhöhung staatlicher Eigentumsförderung analysiert.

Da die Auftragsvergabe für das vorliegende Gutachten, erfolgte, bevor die Wiedervereinigung der deutschen Bundesländer absehbar war, sind alle Ergebnisse des Gutachtens auf die westdeutschen Bundesländer beschränkt.

2. Wohnungsmarktsituation 1988

2.1

Anfang 1987 wurden in der Gebäude-, Wohnungs- und Volkszählung seit fast 20 Jahren endlich wieder einmal wohnungsmarktrelevante Daten vollständig erhoben. Ermittelt wurde offiziell ein Wohnungsfehlbestand gegenüber einer globalen Zahl von Haushalten von rund 400.000 Wohnungen und eine Eigentümerquote von 39,3 %.

Seit 1987 hat sich die damals schon problematische Wohnungsmarktsituation weiter verschärft. Da jedoch keine jüngeren Daten vorliegen, mußten zum Zweck der Analyse über verschiedene methodische Vorgehensweisen Angebot und Nachfrage einzeln berechnet werden, um in einer aus beiden zu ziehenden Bilanz auch regionale und strukturelle Marktungleichgewichte sichtbar machen zu können.

Angebots- (+) bzw. Nachfrageüberschüsse (-) in den Wohnungsmärkten der westdeutschen Bundesländer

- in 1.000 Wohneinheiten -

1978	+899
1987	- 248
1988	- 937

Quellen: Statistisches Bundesamt, Wohnungsstichprobe 1978, Gebäude- und Wohnungszählung 1987, Ausgewählte Zahlen für die Bauwirtschaft, 1987 und 1988, Berechnungen des Ifo-Instituts.

Die obige Tabelle weist global, d.h. weder nach Regionen noch nach Wohnungsgrößen strukturiert, einen Saldo von Wohnungsangebot und Wohnungsnachfrage für einzelne Jahre (Jahresende) aus. Für 1978 ist ein Angebotsüberschuß von rund 900.000 Wohnungen zu verzeichnen. Im Zeitraum bis 1987 reduziert sich dieser Überschuß im alten Bundesgebiet um über 1,1 Millionen und führt zu einem Fehlbestand von rund 250.000 Wohnungen. 1988 hat sich die Marktsituation noch einmal drastisch verschärft: In der ehemaligen Bundesrepublik fehlen knapp eine Million Wohnungen.

2.2

In der Differenzierung nach Wohnungsgrößen zeigt sich für das Jahr 1987, daß die Nachfrage nach großen Wohnungen mit 4 und mehr Zimmern nicht mehr durch das Angebot gedeckt wird. Hier fehlten bereits seinerzeit 728.000 Wohnungen. Bei regionaler Aufgliederung kann man dies auch für 3-Zimmer-Wohnungen (-231.000) in Regionen mit Verdichtungsansätzen feststellen.

Betrachtet man die Ergebnisse für 1988, so zeigt sich deutlich eine Verstärkung der Tendenz zur Nachfrage nach großen Wohnungen. Insgesamt 1,24 Millionen 4-und-mehr-Zimmer-Wohnungen fehlen in allen Regionstypen. Von den angesprochenen Haushalten fragt fast die Hälfte Groß-Wohnungen (hauptsächlich in Eigenheimen) nach (vgl. Tab. 2.2 des Gesamtberichts).

Insgesamt bestätigt sich die in Fachdiskussionen immer wieder festgestellte Tendenz einer verstärkten Nachfrage nach größeren Wohnungen. Auch unter Berücksichtigung der Nettozugänge an Wohnungen seit der Wohnungs- und Gebäudezählung im Mai 1987 läßt sich feststellen, daß das derzeitige Wohnungsangebot den gewandelten demographischen und sozioökonomischen Nachfragestrukturen immer weniger gerecht wird. Die entstandenen Angebotsdefizite bei den großen Wohneinheiten, also in erster Linie bei Familienheimen, dürften sich bis heute noch vergrößert haben.

2.3

Auch ohne die Möglichkeit einer Abstützung mit ausreichenden empirischen Daten läßt sich dennoch eine Reihe von Aussagen zur Wohnungsmarktsituation der Jahre 1989/90 treffen:

- Gerade in dem genannten Zeitraum ist die Zuwanderung in die westdeutschen Bundesländer gravierend gestiegen, und zwar dürften 1989 ca. 300.000 Haushalte zugewandert sein.

- Der damit verbundene gravierende Anstieg der Wohnungsnachfrage dürfte noch verstärkt worden sein durch eine ebenfalls starke Steigerung der Nachfrage der ansässigen Bevölkerung, und zwar durch die Entwicklung der beiden Einflußfaktoren
  - -- verstärkte Tendenz zur raschen Verkleinerung der Haushalte, unter anderem als Folge steigender Einkommen, und
  - -- der Einkommenssteigerung selbst, die die Nachfrage nach größeren Wohnungen und Eigentum stärkt.

- Der Wohnungsbestand wurde demgegenüber nur geringfügig ausgeweitet: 1989 wurden 239.000 Wohneinheiten fertiggestellt, 1990 werden rund 290.000 erwartet. Geht man von einem Abgang in Höhe der durchschnittlichen Abgangszahlen der letzten Jahre aus, so ergibt sich aus beiden Jahren ein Nettozugang in den Wohnungsbestand in Höhe von 370.000 Einheiten.

- Die seit 1989 mit einiger Eile in Gang gesetzten wohnungspolitischen Programme greifen in der momentanen Situation zu langsam. Die Wohnungspolitik ist demnach - gemessen an den Aufgaben - derzeit wenig effektiv. Zieladäquat hohe Fertigstellungszahlen im Wohnungsbau werden nicht nur durch die aktuelle Höhe von Preisen und Kapitalmarktzinsen, sondern auch durch weiterhin ungeklärte Rahmenbedingungen, insbesondere die Baulandverknappung, verhindert.

3. Effizienz nachfragewirksamer Instrumente

3.1

Die Überprüfung der Effizienz wohnungspolitischer Instrumente erfolgte unter Verwendung des Ifo-Wohnungsnachfragemodells, das die Komplexität der Wohnungsmarkt-Nachfrageseite in einer sachlich angemessenen Differenzierung abbildet. Mit dem Modell wird die Auswirkung einzelner politischer Instrumente auf Ausmaß und Struktur der Wohnungsnachfrage simuliert. Da für die Angebotsseite des Wohnungsmarktes vergleichsweise adäquate Methoden nicht zur Verfügung stehen, beschränkt sich die Effizienzanalyse auf nachfragerelevante politische Maßnahmen.

Das Ifo-Wohnungsnachfragemodell ist auf den relativ "freien Markt" der freifinanzierten Wohnungen beschränkt. Es liefert bei der Simulation, nach sechs Regionstypen (siedlungsstrukturelle Kreistypen) gegliedert, folgendes Ergebnis: Die relative Veränderung der Wohnungsnachfrage gegenüber der tatsächlich in einer Periode auftretenden Nachfrage (Standard-Nachfrage) nach Haushalts- und Wohnungstypen differenziert.

Diese "Standard-Nachfrage" einer Periode (im Fall der Simulationen: die Zeitspanne eines Jahres) ist definiert als die Wohnungsnachfrage seßhafter, umziehender und neuer Haushalte, die in der betrachteten Periode unter den gültigen wohnungspolitischen Instrumenten tatsächlich am Wohnungsmarkt aufgetreten ist. Als Basisperiode wurde das Jahr 1987 gewählt.

Zum Zwecke der besseren Vergleichbarkeit werden pro staatlicher Maßnahme jeweils eine Milliarde DM zusätzlicher Ausgaben bzw. Einnahmenausfälle angesetzt und die dadurch hervorgerufenen Nachfrageveränderungen, d.h. die Reaktion der Privathaushalte auf das politische Instrument, untereinander verglichen.

Folgende wohnungspolitische Instrumente wurden in die Effizienzanalyse einbezogen:

(1) Mieterwohngeld
(2) Eigentümer"wohngeld" (Lastenzuschuß)
(3) Aufwendungszuschuß für Eigentümer (1. Förderweg)
(4) Degressive Abschreibung nach § 10 e EStG
(5) Schuldzinsenabzug von der Steuerschuld
(6) Schuldzinsenabzug vom zu versteuernden Einkommen
(7) Baukindergeld
(8) Bausparförderung
(9) Grunderwerbsteuer.

Die Effizienz wohnungspolitischer Instrumente wird gemessen am Grad der Erreichung wohnungspolitischer Ziele. Unter der Überschrift "Wohnungsbauförderung als öffentliche Aufgabe" sind die Grundsätze staatlicher Wohnungspolitik, die wohnungspolitischen Ziele, in Teil I, § 1 des II. Wohnungsbaugesetzes festgeschrieben.

Versucht man, die dort etwas vage formulierten Ziele zu konkretisieren, so lassen sich aus vielerlei Hinweisen aus Politik und Wissenschaft folgende präzisierte, sogar quantifizierbare Ziele bestimmen, aus denen die benötigten Effizienzkriterien direkt ableitbar sind:

- Eigentümerquote: Erhöhung der Eigentümerquote gegenüber der Standardnachfrage,

- Unterversorgungsquote: Verringerung des Anteils der unterversorgten Haushalte (Anzahl Personen im Haushalt größer als Anzahl der Zimmer) gegenüber der Standard-Nachfrage.

Die zur Analyse der Wirkung einzelner Instrumente ausgewiesenen Simulationsergebnisse entstammen der Anwendung des Ifo-Wohnungsnachfragemodells für das Basisjahr 1987. Dieses Modell ist beschränkt auf die Teilbereiche des Wohnungsmarktes, die man im weitesten Sinne als die "freifinanzierten Segmente" bezeichnen kann. Ausgeschlossen, d.h. im Modell nicht erfaßt und abgebildet, sind

- soziale Mietwohnungen,
- Dienst-, Werks- und Stiftswohnungen, sowie
- landwirtschaftliches Wohneigentum von Vollerwerbslandwirten.

Die genannten Wohnungsarten und die sie bewohnenden Haushalte können in ein Nachfragemodell nicht einbezogen werden, weil die Belegung dieser Wohnungen nicht über - mit dem freifinanzierten Markt vergleichbare - Marktausgleichprozesse erfolgt.

3.2

Die Ergebnisse der Simulation mit dem Ifo-Wohnungsnachfragemodell zeigen an, wie sich die Wohnungsversorgung 1987 anders dargestellt hätte, wenn der Staat im Rahmen einer Maßnahme 1 Mrd. DM zusätzlich zur 1987 gültigen Wohnungsmarktförderung ausgegeben hätte. Gemessen wird die Wirkung dieser zusätzlichen staatlichen Milliarde an der relativen Veränderung der genannten Effizienzkriterien, jeweils in Relation zu der Basis-Wohnungsversorgung 1987 im freifinanzierten Marktsegment.

Sofern die betrachtete Maßnahme im Jahr 1987 eingesetzt war, wurden alle Zugangs- und sonstigen Regelungen beibehalten und der an die einzelnen berechtigten Haushalte ausgeschüttete Betrag so angehoben, daß die Erhöhung sich auf 1 Mrd. DM summiert. In den Fällen, in denen das überprüfte Instrument in 1987 nicht zum geltenden Recht gehörte, wurden keine Zugangsbeschränkungen konstruiert, sondern die Förderung sämtlichen Eigentumserwerbern in einer Höhe zugestanden, daß alle Einzelförderungen sich für den Staat wiederum auf insgesamt 1 Mrd. DM aufaddierten.

(1) *Wohngeld für Mieter:*

Sämtliche 1987 geltenden Regelungen, insbesondere Einkommens- und Mietobergrenzen wurden beibehalten. Erhöht wurde das Wohngeld für die Mieterhaushalte, die es 1987 in Anspruch genommen haben, um 51 %. Die Erhöhung des Wohngelds für Mieter um 1 Mrd. DM führt zu

- einem Rückgang der Eigentümerquote um 0,07 %,
- einer Senkung der Unterversorgungsquote um 0,05 %.

Die hier und im folgenden ausgewiesenen Prozentsätze zeigen stets eine relative Veränderung von Quoten an - also nicht Differenzen in Prozentpunkten. Um einen Eindruck über die Größenordnung von den dahinterstehenden absoluten Zahlen zu vermitteln, sei hier nur annäherungsweise erwähnt, daß

- eine Erhöhung der Eigentümerquote um 1 % ca. 100.000 Haushalte,
- eine Verminderung der Unterversorgungsquote um 1 % rund 40.000 Haushalte

betrifft.

(2) *Lastenzuschuß für Eigentümer nach dem Wohngeldgesetz:*

Bei unverändertem Mieter-Wohngeld wurde der Lastenzuschuß um 143 % erhöht. Eine derartige Erhöhung des Eigentümer-Wohngeldes hat

- eine Zunahme der Eigentümerquote um 0,46 %,
- einen Rückgang der Unterversorgungsquote um 0,21 %

zur Folge.

(3) *Aufwendungszuschuß für Eigentümer (sozialer Wohnungsbau, 1. Förderweg):*

Die Einkommensobergrenzen des § 25 II. WoBauG wurden beibehalten. Der

Zuschuß wird nur an berechtigte selbstnutzende Neu-Eigentümer, d.h. an Haushalte, die im Jahr 1987 zum erstenmal Eigentum erwerben, gezahlt. Der um 1 Mrd. DM erhöhte staatliche Aufwand im 1. Förderweg für Eigentümer führt zu einem Aufwendungszuschuß von 1,46 DM pro qm Wohnfläche im Monat und

- erhöht die Eigentümerquote um 0,50 %,
- senkt die die Unterversorgungsquote um 0,42 %.

(4) *Degressive Abschreibung nach § 10 e EStG:*

Die im Jahr 1987 geltenden Regelungen - Abschreibungsobergrenzen, Abzug vom zu versteuernden Einkommen - wurden beibehalten. 1 Mrd. DM zusätzlicher Einnahmenverlust des Staates entsteht aus einer Erhöhung der Abschreibungssätze für alle Erwerber von Neu- und Gebrauchteigentum von 5 % auf 7,6 %. Die Aufstockung dieser Maßnahme hat

- eine Erhöhung der Eigentümerquote um 0,56 %,
- eine Senkung der Unterversorgungsquote um 0,27 %

zur Folge.

(5) *Schuldzinsenabzug von der Steuerschuld:*

Alle Neuerwerber von Gebraucht- und Neubaueigentum zur Selbstnutzung können Schuldzinsen aus dem Fremdkapitaldienst von der Steuerschuld abziehen. Um die vorgebene Höhe von 1 Mrd. DM staatlicher Mindereinnahmen nicht zu überschreiten, machen Eigentumserwerber knapp 16 % ihrer Schuldzinsen steuerlich geltend. "Negativsteuern", also die Steuerschuld übersteigende Abzugsbeträge, werden nicht ausgezahlt. Die Einführung des Schuldzinsenabzugs von der Steuerschuld in der angegebenen Form führt zu

- einer Steigerung der Eigentümerquote um 0,58 %,
- einer Senkung der Unterversorgungsquote um 0,32 %.

(6) *Schuldzinsenabzug vom steuerbaren Einkommen:*

Erwerber von Bestands- und Neubaueigentum zur Selbstnutzung können 59 % der Schuldzinsen vom steuerbaren Einkommen abziehen,damit der Steuerausfall 1 Mrd. DM erreicht. Diese Maßnahme

- erhöht die Eigentümerquote um 0,56 %,
- senkt die Unterversorgungsquote um 0,32 %.

(7) *Baukindergeld:*

Das "Baukindergeld" erhalten Erwerber von Neu- und Gebrauchteigentum zur Selbstnutzung in der Form, in der diese Maßnahme 1987 praktiziert wurde. Pro Kind können in der Simulationsrechnung 2.450 DM von der Steuerschuld abgezogen werden; auch hier wird ein die Steuerschuld übersteigender Betrag (Negativsteuer) nicht ausbezahlt. Eine so ausgestaltete Erhöhung des Baukindergelds zieht nach sich

- einen Anstieg der Eigentümerquote um 0,38 %,
- eine Senkung der Unterversorgungsquote um 0,16 %.

(8) *Bausparförderung:*

Unter Beibehaltung der für die Zahlung der Wohnungsbauprämie maßgeblichen Einkommensobergrenzen und der Höchstsparsummen, die nach Haushaltsgröße gestaffelt sind, wurde für die Simulationen die auf mehrere Jahre verteilte Zahlung der Wohnungsbauprämie unter Berücksichtigung der Verzinsung kumuliert. Die Bausparprämie wird um 10 % erhöht. Das hat zur Folge, daß

- die Eigentümerquote um 0,04 % steigt,
- die Unterversorgungsquote um 0,05 % fällt.

(9) *Grunderwerbsteuer:*

Die Erwerber von Gebraucht- und Neubaueigentum zur Selbstnutzung zahlen je nach Erwerbsart die gültige Grunderwerbsteuer in Höhe von 2 % entweder nur auf den Grundstückswert oder auf den Kaufpreis von Grundstück und Bauwerk, und zwar anteilig verschieden in den Regionstypen. Ein staatlicher zusätzlicher Einnahmeverlust von 1 Mrd. DM wird durch eine Senkung der Grunderwerbsteuer auf 1,4 % bewirkt. Diese staatliche Maßnahme verursacht

- eine Erhöhung der Eigentümerquote um 0,04 %,
- eine Verminderung der Unterversorgungsquote um 0,06 %.

3.3

In einer Zusammenstellung dieser Einzelergebnisse der Simulationsrechnungen lassen sich die Effizienzen vergleichen (vgl. Tab. 3.3 des Gesamtberichts).Der Effizienzvergleich läßt es zu, eine Rangfolge der untersuchten wohnungspolitischen Instrumente vorzunehmen, wobei einzelne Maßnahmen bei den beiden zugrundegelegten Effizienzkriterien jeweils eine unterschiedliche Wirkungsstärke zeigen.

Das politische Ziel, die Wohneigentümerquote zu erhöhen, läßt sich am effizientesten durch die Zulassung des Schuldzinsenabzugs von der Steuerschuld erreichen (Rang (1)). Als nächst effizienteste Maßnahme zur Förderung der Eigentumsbildung (Rang (2)) hat sich die Erhöhung der Abschreibungssätze im Rahmen des § 10 e EStG erwiesen. Auf dem gleichen Rang findet sich auch der Schuldzinsenabzug vom steuerbaren Einkommen. Mit nur geringem Abstand in der Effizienz folgt der Aufwendungszuschuß für Eigentümer im sozialen Wohnungsbau (Rang (4)).

Im Hinblick auf das zweite wohnungspolitische Ziel, nämlich die Quote der Unterversorgung der Haushalte mit Wohnraum zu senken, ergibt die Effizienzprüfung eine leicht veränderte Rangfolge. Hier erweist sich die Eigentumsförderung im Rahmen des sozialen Wohnungsbaus als am wirkungsvollsten (Rang (1)). Der Abzug der Schuldzinsen von der Steuerschuld und gleichermaßen auch der Abzug vom Einkommen nehmen bezüglich dieses politischen Ziels mit deutlichem Abstand Rang (2) ein. Der nächstfolgende Rang wird vom Eigentümerwohngeld belegt.

Die beiden unterschiedlichen Rangfolgen, insbesondere die unterschiedliche Besetzung des 1. Ranges, wirft ein Beurteilungsproblem auf, das sich anhand wohnungspolitischer Zielsetzungen allein nicht mehr (wissenschaftlich) lösen läßt, da beide Ziele im Wohnungsbaugesetz gleichrangig nebeneinander stehen.

Auch wenn in diesem Gutachten diese Entscheidung nicht getroffen werden kann, lassen die Ergebnisse der Effizienzanalyse jedoch den Schluß zu, daß mit einer Umschichtung staatlichen Aufwands zwischen den verschiedenen wohnungspolitischen Instrumenten durchaus eine höhere Effizienz der Wohnungspolitik erreicht werden könnte - und zwar ohne staatliche Mehraufwendungen. Eine höhere Effizienz läßt sich dadurch erzielen, daß Mittel, die bisher in ineffiziente Maßnahmen fließen, dort abgezogen und zur Finanzierung der effizientesten Instrumente eingesetzt werden.

4. Budgetinzidenz einiger Instrumentvarianten

4.1

Die drei unter der Zielsetzung "Erhöhung der Eigentümerquote" effizientesten Maßnahmen wurden, um möglicherweise eine höhere Treffsicherheit zu erzielen, in jeweils zwei Varianten auf ihre Wirkung getestet.

Variante (1) der untersuchten Instrumente wurde jeweils konstruiert durch

- haushaltsgrößenspezifische Obergrenzen für Herstellungs- bzw. Anschaffungskosten oder Fremdkapitalaufnahme,
- regionspezifische Auf- bzw. Abschläge von diesen Obergrenzen.

Variante (2) enthält demgegenüber nur noch nach Regionstypen gestaffelte Obergrenzen für die abzugsfähigen Schuldzinsen bzw. im Falle der Abschreibung nach § 10 e EStG regionaldifferenzierte Abschreibungssätze.

Untersucht und analysiert wurden jeweils Variante 1 und 2 für

(1) Schuldzinsenabzug von der Steuerschuld: Varianten (1.1) und (1.2)

(2) Schuldzinsenabzug vom Einkommen: Varianten (2.1) und (2.2)

(3) Abschreibung im Rahmen des § 10 e EStG: Varianten (3.1) und (3.2).

Alle Varianten tragen - nach den Vorschlägen des Auftraggebers - den im Verhältnis zum flachen Land höheren Herstellungs- bzw. Anschaffungskosten in Ballungsgebieten und teilweise dem erhöhten Wohnraumanspruch größerer Haushalte im Verhältnis zu kleinen Haushalten Rechnung. Raumordnungspolitische und soziale Gesichtspunkte wurden dabei außer acht gelassen.

Die Simulationen der Instrumentenvarianten dienen nicht mehr der vergleichenden Effizienzanalyse. Deshalb ist die Begrenzung zusätzlicher staatlicher Ausgaben bzw. Einnahmenverluste auf 1 Mrd. DM aufgehoben. Die einzelnen Maßnahmen verursachen einen unterschiedlich hohen staatlichen Aufwand und sind in ihrer Wirkungsstärke verschieden (vgl. Tab. 4.1 des Gesamtberichts).

Die zwei Varianten eines Instruments wirken bei gleich hohen Kosten für den Staat gleichmäßig auf die Eigentümerquote - eine Ausnahme bildet allenfalls die Variation der Förderung im Rahmen des § 10 e EStG. Das bedeutet, daß die Staffelung der Förderung nach Haushaltsgröße - der einzige Unterschied zwischen den Varianten 1 und 2 eines Instruments - keine grundsätzliche Veränderung der Maßnahmenwirkung erzeugt. Jedoch trägt die Variation nach Personenzahl zu einer stärkeren Steigerung der Eigentümerquote bei als die pure Differenzierung nach Regionstypen. Die Haushaltsgrößen-bezogene Förderung ist aber für den Staat auch teurer.

Ein etwas überraschendes Ergebnis zeigen die unterschiedlichen Wirkungen auf die Unterversorgungsquote: Offensichtlich führt die Förderung im Rahmen des § 10 e EStG, wenn sie Personenzahl-bezogen ist, eher zu einer familiengerechten

Wohnungsversorgung, während im Fall des Schuldzinsenabzugs von der Steuerschuld diese Variation einen geringeren Einfluß auf die Unterversorgungsquote hat als die rein regionale Differenzierung.

4.2

Die Ausweitung der staatlichen Eigentumsförderung ruft eine erhöhte Nachfrage nach Wohneigentum hervor, die ihrerseits eine zusätzliche Nachfrage nach Bauleistungen (Neubau oder Modernisierung) induziert. Über die gesteigerte bauwirtschaftliche Tätigkeit wiederum werden eine ganze Reihe weiterer wirtschaftlicher Vorgänge in Gang gesetzt, die u.a. auch höhere steuerliche Einnahmen des Staates nach sich ziehen. Im Endeffekt erhält also der Staat einen Teil der vorher eingesetzten Fördermittel zurück.

Die über den volkswirtschaftlichen Kreislauf entstehenden zusätzlichen staatlichen Einnahmen aus erhöhten Bauinvestitionen wurden unter Verwendung eines ökonometrischen Modells ermittelt, das zur kurzfristigen Konjunkturprognose dient. Die Modellrechnungen ergaben, daß rund ein Drittel des Wertes der durch die wohnungspolitische Förderung hervorgerufenen zusätzlichen Bauinvestitionen als Einnahmen an den Staat fließt.

Die Berechnungen der Budgetinzidenz führen zu folgenden beispielhaften Ergebnissen (vgl. Tab. 4.2 des Gesamtberichts):

- Mit einem staatlichen Nettoaufwand von nur 17 Mill. DM läßt sich die Wohneigentümerquote im freifinanzierten Marktsegment um 0,32 % anheben, wenn
  - der Abschreibungssatz im Rahmen des § 10 e EStG auf 8 % erhöht wird und
  - die anrechenbaren Kosten des Eigentums nach Haushaltsgröße und Regionstypen in der vorgeschlagenen Form differenziert werden (Variante 3.1).

- Ein staatlicher Nettoaufwand von 1,2 Mrd. DM könnte für eine Erhöhung der Eigentümerquote im freifinanzierten Marktsegment um 1,4 % eingesetzt werden, wenn der Staat knapp 7 Mrd. DM Steuermindereinnahmen durch die Zulassung eines Schuldzinsenabzugs von der Steuerschuld in Kauf zu nehmen bereit wäre und die abzugsfähigen Schuldzinsen regional wie vorgeschlagen differenzierte (Variante 1.2).

- Andererseits müßte der Staat netto 540 Mill. DM aufwenden, um einen Anstieg der Eigentümerquote im freifinanzierten Marktsegment - ebenfalls - um 0,32 % zu erreichen, wenn er 2 Mrd. DM dafür verwendete, einen Schuldzinsenabzug vom Einkommen, nach Haushaltsgröße und Regionstypen gegliedert, zuzulassen (Variante 2.1).

Zusammenfassend läßt sich festhalten, daß die in der beschriebenen Form konstruierten Instrumentenvariante(n)

- des Schuldzinsenabzugs vom Einkommen (2.1 und 2.2) ein relativ ungünstiges Verhältnis von Einnahmen zu Ausgaben (73 %) aufweisen, d.h. den Staat vergleichsweise viel kosten, und trotzdem sowohl hinsichtlich der Eigentümerquote, als auch zur Verminderung der Unterversorgung nur relativ wenig beitragen,

- der Erhöhung der Abschreibung im Rahmen des § 10 e EStG (3.2) das vergleichsweise schlechteste Einnahmen/Ausgaben-Verhältnis aufweist und auch nicht allzu viel zur Erreichung wohnungspolitischer Ziele beiträgt,

- des Schuldzinsenabzugs von der Steuerschuld (1.1 und 1.2) bei hohen Einsatzkosten des Staates auch relativ hohe Rückflüsse an den Staat verursachen und dabei zumindest die Eigentümerquote relativ am stärksten anzuheben in der Lage sind,

- der Erhöhung der Abschreibung im Rahmen des § 10 e EStG (3.1) mit Abstand das kostengünstigste Einnahmen/Ausgaben-Verhältnis zeigt und trotzdem vergleichsweise hohe Erfolge - sowohl, was die Steigerung der Eigentümerquote, als auch, was die Verminderung der Unterversorgung angeht - aufweisen kann.

Die angesprochenen quantitativen aus der Verwendung des Ifo-Wohnungsnachfragemodells abgeleiteten Zusammenhänge - das sei hier noch einmal besonders betont - gelten ausschließlich für die ausgewählten Beispiele in genau der dargestellten Konstruktion der Förderungsmaßnahme. Die angegebenen Zahlenwerte können nicht verallgemeinert oder auf andere Varianten übertragen werden. Da keine linearen Zusammenhänge zwischen den wichtigsten Einzelgrößen bestehen, können auch Verminderungen oder Erhöhungen einer Größe nicht einfach in entsprechende proportionale Änderungen aller anderen damit zusammenhängenden Größen umgesetzt werden. Eine Verdoppelung des staatlichen Fördermitteleinsatzes führt beispielsweise nicht zu einer Verdoppelung des Anstiegs der Eigentümerquote, nicht zu einer Verdoppelung der zusätzlichen Bauinvestitionen usw., so daß sich schließlich das ausgewiesene Verhältnis von Einnahmen zu Aufwendungen ändert.

5. Wirksamkeit angebotsrelevanter Instrumente

5.1

Die momentane Wohnungsmarktsituation ist gekennzeichnet durch ein zu geringes Angebot an Mietwohnungen, insbesondere in den Ballungsgebieten. Infolge von Verdrängungsprozessen durch kaufkräftige Nachfrage im Wohnungsbestand fehlen vor allem preiswerte Mietwohnungen für untere Einkommensschichten. Nun ist diese Wohnungsmarktsituation sicherlich nicht allein im Rahmen der üblichen zyklischen Entwicklungen der Wohnungsmärkte entstanden, vor allem das Ausmaß der Ungleichgewichte muß darüber hinaus vielmehr dem seit einigen Jahren anhaltenden Zustrom von Über- und Aussiedlern sowie Asylsuchenden in die westdeutschen Bundesländer zugeschrieben werden.

In einer derartigen Wohnungsmarktsituation muß in erster Linie das Mietwohnungsangebot möglichst schnell erweitert werden. Staatliche wohnungspolitische Maßnahmen konzentrieren sich dementsprechend in jüngster Zeit auf die Angebotsseite der Wohnungsmärkte. Die Eigentumsförderung allein, die ja vor allem dem Ziel einer Erhöhung der Eigentümerquote dient, kann die Engpässe an den Märkten nicht rasch und wirkungsvoll bekämpfen.

In einer weitgehend marktwirtschaftlich orientierten Wohnungsmarktordnung wird in erster Linie ein ausreichend großes Angebot als das Mittel zur Bekämpfung sozialer Probleme am Wohnungsmarkt angesehen. Ob sich jedoch die im Wohnungsbaugesetz genannten politischen Ziele allein durch eine Ausweitung des Angebots erreichen lassen, muß bezweifelt werden, solange die öffentliche Hand nicht die Ergebnisse der Marktprozesse in bestimmten Bereichen korrigiert, d.h. Einfluß auf die Belegung der Wohnungen durch die Haushalte nimmt. Auch unter diesem Gesichtspunkt müssen angebotsrelevante staatliche Maßnahmen beurteilt werden.

5.2

In der Diskussion um Investitionshemmnisse, vor allem für private Investoren, wird immer wieder die abschreckende Wirkung des geltenden Mietrechts angeführt, und zwar

- sowohl die Kündigungsschutzbestimmungen nach BGB und Zweitem Wohnraumkündigungsschutzgesetz
- als auch Vorschriften zur Miethöhe nach dem Gesetz zur Regelung der Miethöhe.

Diese Wirkung des Mietrechts läßt sich zwar theoretisch begründen, ist jedoch empirisch nicht nachweisbar. Im Gegenteil zeigen einschlägige Untersuchungen, daß Investoren- bzw. Vermieterseite durchaus anerkennen, daß Mieterrechte geschützt werden müssen.

Staatliche Entscheidungsträger sollten nicht - wie ansatzweise 1982 geschehen - eine Mietrechtslockerung oder auch -verschärfung - wie heute in der Diskussion - als angebotsrelevantes Instrument einsetzen. Vielmehr könnte eine langfristig abgesicherte Stabilität der Mietrechtsregelungen zusätzliche Unsicherheiten in der Investorenplanung vermeiden.

5.3

Investitionen in freifinanzierte Mietwohnungen werden von der öffentlichen Hand fast ausnahmslos durch steuerliche Abschreibungsvergünstigungen gefördert. Diese staatliche Maßnahme steigert die kurz- bis mittelfristige Rentabilität der Investition und hat insofern direkt Einfluß auf die Rendite-Kalkulation.

Trotzdem löst diese steuerliche Maßnahme eher Mitnahmeeffekte aus, zumal dann, wenn sich potentielle Investoren in Erwartung einer neuen Regelung vorher attentistisch verhielten. Die Gründe für eine relativ geringe Wirkung dieses staatlichen Instruments sind in einem Kranz von Rahmenbedingungen zu suchen, zu denen im wesentlichen gehören:

- renditestärkere Alternativanlageformen; z.B. die Abschreibungsmöglichkeiten für gewerbliche Bauten mit einem degressiven Satz von 10 % seit 1985;

- die ungeklärte Baulandproblematik; Bauland ist, vor allem in den Ballungsgebieten, ein äußerst knapper Produktionsfaktor, der Wohnungsbau konkurriert hier nicht nur mit gewerblichem Bau, sondern auch mit öffentlichem Bedarf und steigenden ökologischen Ansprüchen der Bevölkerung.

Nicht zuletzt sollte berücksichtigt werden, daß in den Wohnungsmarktsituationen, in denen der Staat den Wohnungsbau mit einer zusätzlichen steuerlichen Investitionsförderung ankurbeln will, üblicherweise sowieso schon eine Übernachfrage am Wohnungsmarkt für eine erhöhte Investitionstätigkeit sorgt. Das bedeutet, daß die bauwirtschaftlichen Kapazitäten in der Regel in relativ hohem Maße ausgelastet sind und eine zusätzliche Bauleistungsnachfrage zu einem verstärkten Preisanstieg führt. Steigende Preise jedoch dämpfen wiederum die Investitionsneigung.

Für die Förderung von Investitionen im freifinanzierten Wohnungsbau sind Sonderabschreibungen als staatliches wohnungspolitisches Instrument durchaus angebracht. Jedoch sollte, um eine höhere Effektivität zu erreichen,

- die Begünstigung anderer Anlageformen reduziert oder die für Wohnbauten entsprechend angehoben und
- die politische Vorgehensweise im Zeitablauf so umgestaltet werden, daß anstelle einer Politik verspäteter Reaktion eine vorausschauende Vorsorgepolitik entsteht.

5.4

Dem sozialen Mietwohnungsbau wurde Mitte der achtziger Jahre aus den unterschiedlichsten Gründen seine weitere Berechtigung abgesprochen. Es muß jedoch festgestellt werden, daß die öffentliche Hand den dauerhaften Zugriff auf eine gewisse - in der Höhe nicht präzise bestimmte und im Zeitablauf schwankende - Anzahl von Wohnungen braucht.

Ob diese Wohnungen durch öffentliche Förderung des Neubaus gebunden werden oder eine Bindung im Wohnungsbestand eingekauft wird, hängt nicht nur von den unterschiedlichen Kosten, sondern auch davon ab, wie die zu berücksichtigende Wohnungsmarktsituation sich darstellt. Beispielsweise melden Kommunen, die heute unter der Wohnungsnot ganz besonders leiden, daß Versuche, Belegungsrechte im Bestand einzukaufen, weitgehend fehlschlagen, weil Mietwohnungseigentümer zum Eingehen von Preis- und Belegungsbindungen nicht bereit sind.

In der momentanen Wohnungsmarktsituation muß also der rasch schrumpfende Sozialwohnungsbestand überwiegend durch Neubau aufgefüllt werden, wenn man den unter- oder gar nicht versorgten Haushalten in angemessener Zeit eine bedarfsgerechte Wohnung zur Verfügung stellen will. Die Förderung dieses Neubaus sollte jedoch so gestaltet sein, daß

- Mietverzerrungen im Sozialwohnungsbestand vermieden werden (Ersatz der Kostenmiete durch ein anderes Mietbildungsverfahren),
- die Fehlbelegungsproblematik nicht entstehen kann (z.B.vorübergehende Auflösung von Bindungen).

In Zukunft sollte der Staat vermeiden, gerade in Zeiten angespannter Wohnungsmärkte sozialen Mietwohnungsneubau fördern zu müssen. Das kann durch ein Umschalten der Politik auf die oben schon angesprochene Vorsorgepolitik geschehen.

Literaturverzeichnis

Bärsch, J., K. Novy, Grenzen der aktuellen Deregulierungen auf dem Wohnungsmarkt, in: Archiv für Kommunalwissenschaften, II 1989.

Behring, K., Miethöhe: Bonus für Seßhaftigkeit, in: Ifo-Schnelldienst, 11/1988.

Behring, K., A. Börsch-Supan, G. Goldrian, Wohnungsnachfrageprognose 1995, Berlin/München 1988.

Behring, K., V. Rußig, Auswirkungen einer Liberalisierung der Mietwohnungsmärkte in den Regionen München und Nürnberg, München 1986.

Beyer, H.-J., Die neue Wohnungspolitik aus der Sicht der öffentlichen Banken, in: Der Langfristige Kredit, 1/1990.

Brintzinger, O., Neue Wege in der Wohnungsbauförderung - das Instrument der vereinbarten Förderung, in: Informationsdienst und Mitteilungsblatt des VHW, 22/1989.

Bundesforschungsanstalt für Landeskunde und Raumordnung, Regionalstatistische Informationen aus der laufenden Raumbeobachtung, in: Informationen zur Raumentwicklung, 11,12/1982.

Der Bundesminister für Raumordnung, Bauwesen und Städtebau, Raumordnungsbericht 1990, Bonn 1991.

Bundesrats-Drucksache
446/88 vom 28.9.1988.

Derleder, P., Mietrecht als Mittel oder als Hemmnis der Wohnungsversorgung, in: Zeitschrift für das gemeinnützige Wohnungswesen in Bayern, 8/1990.

DIW Deutsches Institut für Wirtschaftsforschung, Szenarien der Bevölkerungsentwicklung in der Bundesrepublik Deutschland, in: DIW-Wochenbericht, 8/1990.

DIW Deutsches Institut für Wirtschaftsforschung, Szenarien der Bevölkerungsentwicklung in der DDR, in: DIW-Wochenbericht, 42/1990.

Eckhardt, W., Die vereinbarte Förderung aus der Sicht des Förderungsnehmers, in: Deutscher Verband für Wohnungswesen, Städtebau und Raumordnung (Hrsg.), Die vereinbarte Förderung nach § 88 d II. WoBauG für Mietwohnungen und Eigentumsmaßnahmen, Bonn 1990.

Eekhoff, J., Staatliche Mietdämpfung - eine gut gemeinte Maßnahme mit negativen sozialen Folgen, in: Der Langfristige Kredit, 19/1989.

Eekhoff, J., Wohnungspolitik für eine neue Zeit, in: Der Langfristige Kredit, 22+23/1990.

Görhely, T., V. Rußig, F. Söffner, Bauvorausschätzung Bundesgebiet 1990-2000, Textband, München 1990, unveröffentlicht.

Goodman, A.C., M. Kawai, Permanent Income, Hedonic Prices and the Demand for Housing, Journal of Urban Economics, Vol. 12, 1982.

Hamm, H., Der soziale Wohnungsbau 1987/88, in: Bundesbaublatt, 10/1988.

Infratest Wirtschaftsforschung, Sickereffekte verschiedener Formen der Wohn- und Bausparförderung, Schriftenreihe des Bundesministers für Raumordnung, Bauwesen und Städtebau 07.003, Bonn 1978.

Institut für Städtebau, Wohnungswirtschaft und Bausparwesen (Hrsg.), Eigener Herd ist Goldes Wert, Bonn 1985.

Knop, W., Bestand an Gebäuden und Wohnungen 1987, in: Wirtschaft und Statistik, 8/1989.

Koalitionsvereinbarung CDU/CSU und FDP, VII. Wohnungsbaupolitik, Januar 1991.

Meyer, D., Staatsversagen im Wohnungsmarkt? in: Archiv für Kommunalwissenschaften, II 1986.

Miegel, M., Grundlagen der Bau- und Wohnungspolitik - überprüfte Thesen, in: Der Langfristige Kredit, 22+23/1990.

Osenberg, H., Die soziale Reserve des Wohnungsmarktes nimmt weiter ab, in: Informationsdienst und Mitteilungsblatt des VHW, 22/1989.

Rußig, V., Was bedeuten Subventionen für das Wohnungswesen? in: Institut für Städtebau, Wohnungswirtschaft und Bausparwesen (Hrsg.), Wohnungsversorgung und Wohneigentum - mit oder ohne Subventionen, Bonn 1987.

Schmidt-Eichstaedt, G., Wohnungszwangswirtschaft und Mietpreisbindung - geeignete Instrumente zur Beseitigung der Wohnungsnot? in: Juristische Rundschau, 2/1983.

Schneider, G., K. Stahl, R. Struyk, Estimates of Households' Permanent Income: West Germany 1978, Urban Institute, Washington 1983.

Sonnenschein, J., Die Stellung des Vermieters im System des Kündigungsschutzes, in: Zeitschrift für das gemeinnützige Wohnungswesen in Bayern, 10/1990.

Süddeutsche Zeitung vom 8.11.1990, Die hohen Zinsen ziehen bereits ihre Furchen.

Ulbrich, R., Aufhebung der Wohnungsgemeinnützigkeit: Wirtschaftliche Vorteile, soziale Nachteile, in: Der Langfristige Kredit, 16/1988.

Wedel, E., Wohnraumversorgung der Haushalte 1987, in: Wirtschaft und Statistik, 8/1989.

Wirtschaftswoche vom 9.2.1990, Etikettenschwindel.

Wullkopf, U., Alte und neue Wege der Wohnungsbauförderung, in: Deutscher Verband für Wohnungswesen, Städtebau und Raumordnung (Hrsg.), Die vereinbarte Förderung nach § 88 d II. WoBauG für Mietwohnungen und Eigentumsmaßnahmen, Bonn 1990.

Würzburger, P., E. Wedel, Erste Ergebnisse der Volkszählung 1987, in: Wirtschaft und Statistik, 12/1988.

FSC
www.fsc.org
MIX
Papier | Fördert gute Waldnutzung
FSC® C083411

Kolibri 360 GmbH
Ferdinand-Jühlke-Straße 7
99095 Erfurt, Deutschland
produktsicherheit@kolibri360.de

Druck:
CPI Druckdienstleistungen GmbH
im Auftrag der
Kolibri 360 GmbH
Ferdinand-Jühlke-Str. 7
99095 Erfurt